Manger pour guérir
Un guide complet de recettes anti-inflammatoires

Caroline Dubois

Contenu

Brocoli épicé, chou-fleur et tofu avec oignon rouge 17
Ingrédients: 17
Adresses : 18
haricots et saumon 19
Portions : 4 19
Ingrédients: 19
Adresses : 20
portions de soupe aux carottes 21
Portions : 4 21
Ingrédients: 21
Adresses : 22
Portions de salade de pâtes saines 23
Portions : 6 23
Ingrédients: 23
Adresses : 23
Portions de curry de pois chiches 25
Portions : 4 25
Ingrédients: 25
Adresses : 26
Ingrédients du boeuf haché Stroganoff : 28
Adresses : 28
Portions de côtes levées avec sauce 30
Portions : 4 30
Ingrédients: 30

Adresses :	31
soupe de poulet sans gluten avec nouilles	32
Portions : 4	32
Ingrédients:	32
Portions de curry de lentilles	34
Portions : 4	34
Ingrédients:	34
Adresses :	35
Poulet Frit Et Pois	37
Portions : 4	37
Ingrédients:	37
Adresses :	38
Brocoli juteux aux anchois et aux amandes Portions : 6	39
Ingrédients:	39
Adresses :	39
Galettes de shiitake et épinards	41
Portions : 8	41
Ingrédients:	41
Adresses :	42
Salade de brocoli et de chou-fleur	43
Portions : 6	43
Ingrédients:	43
Adresses :	44
Salade de poulet Chinoise	46
Portions : 3	46
Ingrédients:	46
Adresses :	47

Poivrons farcis au quinoa et à l'amarante Portions : 4	49
Ingrédients:	49
Filet de poisson enrobé de fromage croustillant Portions : 4	51
Ingrédients:	51
Adresses :	51
Haricots protéinés et coquillages verts farcis	53
Ingrédients:	53
Ingrédients pour la salade de nouilles asiatiques :	56
Adresses :	57
Portions de saumon et haricots verts	58
Portions : 4	58
Ingrédients:	58
Adresses :	59
Ingrédients pour le poulet farci au fromage :	60
Adresses :	61
Roquette avec vinaigrette au gorgonzola	62
Portions : 4	62
Ingrédients:	62
Adresses :	63
portions de soupe aux choux	64
Portions : 6	64
Ingrédients:	64
Portions de riz de chou-fleur	65
Portions : 4	65
Ingrédients:	65
Adresses :	65
Portions d'épinards et de feta frittata	67

Portions : 4 67

Ingrédients: 67

Adresses : 67

Autocollants de poulet rôti Ingrédients : 69

Adresses : 70

Crevettes à l'ail avec gruau de chou-fleur Portions : 2 71

Ingrédients: 71

Adresses : 72

Thon au brocoli 73

Portions : 1 73

Ingrédients: 73

Adresses : 73

Soupe de crevettes à la courge musquée Portions : 4 75

Ingrédients: 75

Adresses : 76

Boulettes de dinde cuites au four épicées Portions : 6 77

Ingrédients: 77

Adresses : 77

Portions de soupe de moules claire 79

Portions : 4 79

Ingrédients: 79

Adresses : 80

Portions de riz et de poulet dans une casserole 81

Portions : 4 81

Ingrédients: 81

Adresses : 82

Portions de crevettes Jumble Jambalaya frites : 4 84

Ingrédients: 84

Portions de poulet au piment 86

Portions : 6 86

Ingrédients: 86

Adresses : 87

Portions de soupe à l'ail et aux lentilles 88

Portions : 4 88

Ingrédients: 88

Courgettes épicées et poulet dans un sauté classique de Santa Fe 90

Ingrédients: 90

Adresses : 91

Tacos au tilapia avec une impressionnante salade de gingembre et de sésame 92

Ingrédients: 92

Adresses : 93

Ragoût de lentilles au curry 94

Portions : 4 94

Ingrédients: 94

Adresses : 95

Salade César au chou frisé avec wrap au poulet grillé 96

Portions : 2 96

Ingrédients: 96

Adresses : 97

Salade de haricots et épinards Portions : 1 98

Ingrédients: 98

Adresses : 98

Saumon pané aux noix et romarin Portions : 6 99

Ingrédients: 99

Adresses : 100

Patates douces au four avec sauce au tahini rouge Portions : 4 101

Ingrédients: 101

Adresses : 102

Portions de soupe de potiron d'été italienne 103

Portions : 4 103

Ingrédients: 103

Adresses : 104

Portions de soupe safran-saumon 105

Portions : 4 105

Ingrédients: 105

Soupe aux champignons épicée et aigre avec crevettes à la saveur thaïlandaise 107

Ingrédients: 107

Adresses : 108

Orzo aux tomates séchées Ingrédients : 110

Adresses : 110

Portions de soupe aux champignons et à la betterave.......................... 112

Portions : 4 112

Ingrédients: 112

Adresses : 113

Ingrédients des boulettes de poulet au parmesan : 114

Adresses : 114

Ingrédients des boulettes de viande Alla Parmigiana : 116

Adresses : 117

Pain de poitrine de dinde aux légumes cuits au four............................. 118

Ingrédients:..118

Adresses :..118

Porc crémeux et tomates Portions : 4 120

Ingrédients:..120

Adresses :..120

Portions de filet de citronportions: 2 122

Ingrédients:..122

Poulet au brocoli Portions : 4 124

Ingrédients:..124

Adresses :..124

Portions de filet de poulet croustillant : 4...............................125

Ingrédients:..125

Adresses :..125

Longe de porc aux champignons et concombres Portions : 4................126

Ingrédients:..126

Adresses :..126

portions de cuisses de pouletportions: 4 128

Ingrédients:..128

Adresses :..128

Portions de poulet grillé balsamique : 4...............................130

Ingrédients:..130

Adresses :..130

Portions de steaks et champignonsportions: 4 132

Ingrédients:..132

Adresses :..132

Portions de viande Nombre de portions : 4 133

Ingrédients:..133

Adresses : 133

Portions de poulet aux pêchesportions: 4-5 135

Ingrédients: 135

Adresses : 135

Portions de porc haché 137

portions: 4 137

Ingrédients: 137

Adresses : 138

Porc au persil et artichauts Portions : 4 139

Ingrédients: 139

Adresses : 140

Porc aux patates douces et au thym Portions : 4 141

Ingrédients: 141

Adresses : 142

Curry de Porc Mixte Portions : 4 143

Ingrédients: 143

Adresses : 143

Poulet frit et brocoli Portions : 4 145

Ingrédients: 145

Adresses : 145

Portions de poulet et de brocoliportions: 4 147

Ingrédients: 147

Adresses : 148

Poulet rôti méditerranéen aux légumes Portions : 4 149

Ingrédients: 149

Adresses : 149

Rouleaux de poulet Hidden Valley Portions : 6-8 151

Ingrédients:...151

Adresses :...151

Portions de poulet et haricots balsamiques : 4......................153

Ingrédients:...153

Adresses :...153

Portions de porc italienportions:6..155

Ingrédients:...155

Adresses :...156

Poulet et choux de Bruxelles Portions : 4................................157

Ingrédients:...157

Adresses :...157

Ingrédients pour le sandwich au poulet....................................158

Adresses :...158

morceaux de poulet au parmesanportions: 4..........................159

Ingrédients:...159

Adresses :...159

De somptueuses portions de poulet au curry indien.............161

portions:6...161

Ingrédients:...161

Adresses :...162

Porc à la sauce balsamique à l'oignon Portions : 4................164

Ingrédients:...164

Adresses :...164

Ingrédients:...165

Adresses :...166

Porc aux poires et gingembre Portions : 4 167

Ingrédients:...167

Adresses :	167
Portions de poulet au beurreportions:6	169
Ingrédients:	169
Adresses :	169
Portions d'ailes de poulet chaudes : 4-5	170
Ingrédients:	170
Adresses :	170
Poulet, pâtes et petits pois Portions : 1-2	172
Ingrédients:	172
Adresses :	172
Ingrédients:	173
Adresses :	174
Ailes de poulet aux abricots Portions : 3 - 4	175
Ingrédients:	175
Adresses :	175
Cuisses de poulet Portions : 4	177
Ingrédients:	177
Adresses :	177
Portions de poulet croustillant : 4	178
Ingrédients:	178
Adresses :	178
Poches de poulet Champion Portions : 4	180
Ingrédients:	180
Adresses :	180
Poulet grillé Portions : 4	182
Ingrédients:	182
Adresses :	183

Portions de mélange de radis au poulet : 4 184

Ingrédients: 184

Adresses : 184

Portions de poulet Katsuportions: 4 185

Ingrédients: 185

Adresses : 186

Ragoût de poulet et patates douces Portions : 4 187

Ingrédients: 187

Adresses : 187

Côtes levées au romarin Portions : 4 189

Ingrédients: 189

Adresses : 189

Frittata au poulet, poivrons et épinards Portions : 8 191

Ingrédients: 191

Adresses : 191

Dal de poulet grillé Portions : 4 193

Ingrédients: 193

Adresses : 193

Portions de taquitos au poulet : 6 195

Ingrédients: 195

Adresses : 195

Portions de porc à l'origan 197

portions: 4 197

Ingrédients: 197

Adresses : 198

Poulet au four avec avocat Portions : 4 199

Ingrédients: 199

Adresses : 199

Magret de canard rôti aux cinq saveurs Portions : 4 201

Ingrédients: 201

Adresses : 201

Côtelettes de porc à la sauce tomate Portions : 4 204

Ingrédients: 204

Adresses : 205

Poulet toscan aux tomates, olives et courgettes 206

Ingrédients: 206

Adresses : 207

Portions de salade de porcportions: 4 208

Ingrédients: 208

Adresses : 209

Portions de porc et haricots vertsportions: 4 210

Ingrédients: 210

Adresses : 211

Portions de poitrine de pouletportions: 4 212

Ingrédients: 212

Adresses : 212

Porc aux courgettes chili et tomates Portions : 4 213

Ingrédients: 213

Adresses : 214

Porc aux olives Portions : 4 215

Ingrédients: 215

Adresses : 215

Pâté au saumon et à l'aneth 217

Ingrédients: 217

Adresses :..217

Pommes au four avec épices chai Portions : 5 218

Ingrédients:...218

Adresses :..218

Portions de pêches croustillantesportions:6..........................220

Ingrédients:...220

Adresses :..220

Brocoli épicé, chou-fleur et tofu avec oignon rouge

Portions : 2

Temps de cuisson : 25 minutes

Ingrédients:

2 tasses de bouquets de brocoli

2 tasses de bouquets de chou-fleur

1 oignon rouge moyen, coupé en dés

3 cuillères à soupe d'huile d'olive extra vierge

1 cuillère à café de sel

¼ cuillère à café de poivre noir fraîchement moulu

1 livre de tofu ferme, coupé en cubes de 1 pouce

1 gousse d'ail hachée

1 morceau (¼ de pouce) de gingembre frais, haché

Adresses :

1. Préchauffer le four à 400°F.

2. Combiner le brocoli, le chou-fleur, l'oignon, l'huile, le sel et le poivre sur une grande plaque à pâtisserie avec un rebord et bien mélanger.

3. Griller jusqu'à ce que les légumes soient tendres, 10 à 15 minutes.

4. Ajouter le tofu, l'ail et le gingembre. Cuire en 10 minutes.

5. Mélanger délicatement les ingrédients sur la plaque à pâtisserie pour combiner le tofu avec les légumes et servir.

<u>Information nutritionnelle:</u>Calories 210 Lipides totaux : 15 g Glucides totaux : 11 g Sucres : 4 g Fibres : 4 g Protéines : 12 g Sodium : 626 mg

haricots et saumon

Portions : 4

Temps de cuisson : 25 minutes

Ingrédients:

1 tasse de haricots noirs en conserve, égouttés et rincés 4 gousses d'ail, hachées

1 oignon jaune haché

2 cuillères à soupe d'huile d'olive

4 filets de saumon, désossés

½ cuillère à café de coriandre moulue

1 cuillère à café de poudre de curcuma

2 tomates, coupées en dés

½ tasse de bouillon de poulet

Une pincée de sel et de poivre noir.

½ cuillère à café de graines de cumin

1 cuillère à soupe de ciboulette hachée

Adresses :

1. Faites chauffer une poêle avec de l'huile à feu moyen, ajoutez l'oignon et l'ail et faites revenir pendant 5 minutes.

2. Ajouter le poisson et faire revenir 2 minutes de chaque côté.

3. Ajouter les haricots et les autres ingrédients, mélanger délicatement et cuire encore 10 minutes.

4. Répartir le mélange sur des assiettes et servir immédiatement pour le dîner.

Information nutritionnelle:Calories 219, Lipides 8, Fibres 8, Glucides 12, Protéines 8

portions de soupe aux carottes

Portions : 4

Temps de cuisson : 40 minutes

Ingrédients:

1 tasse de citrouille, hachée

1 cuillère à soupe. huile d'olive

1 cuillère à soupe. poudre de curcuma

14 ½ onces de lait de coco, léger

3 tasses de carottes hachées

1 poireau, rincé et tranché

1 cuillère à soupe. gingembre râpé

3 tasses de bouillon de légumes

1 tasse de fenouil haché

Sel et poivre au goût

2 gousses d'ail hachées

Adresses :

1. Commencez par préchauffer un faitout à feu moyen.

2. Pour ce faire, versez l'huile, puis ajoutez le fenouil, le potiron, la carotte et le poireau et mélangez bien.

3. Faites maintenant frire pendant 4 à 5 minutes jusqu'à ce qu'ils soient ramollis.

4. Ajoutez ensuite le curcuma, le gingembre, le poivre et l'ail. Cuire encore 1 à 2 minutes.

5. Versez ensuite le bouillon et le lait de coco. Bien mélanger.

6. Portez ensuite le mélange à ébullition et couvrez le faitout.

7. Cuire pendant 20 minutes.

8. Une fois cuit, transférer le mélange dans un mélangeur à haute vitesse et mélanger pendant 1 à 2 minutes ou jusqu'à consistance lisse et crémeuse.

9. Vérifiez les épices et ajoutez plus de sel et de poivre si nécessaire.

<u>Information nutritionnelle:</u>Calories : 210,4 Kcal Protéines : 2,11 g Glucides : 25,64 g Lipides : 10,91 g

Portions de salade de pâtes saines

Portions : 6

Temps de cuisson : 10 minutes

Ingrédients:

1 paquet de pâtes fusilli sans gluten

1 tasse de tomates raisins, tranchées

1 poignée de coriandre fraîche hachée

1 tasse d'olives, coupées en deux

1 tasse de basilic frais haché

½ tasse d'huile d'olive

sel de mer au goût

Adresses :

1. Mélanger l'huile d'olive, le basilic haché, la coriandre et le sel marin.

Mettre de côté.

2. Faites cuire les pâtes selon les instructions sur l'emballage, égouttez et rincez.

3. Combiner les pâtes avec les tomates et les olives.

4. Ajouter le mélange d'huile d'olive et mélanger jusqu'à ce que le tout soit bien mélangé.

<u>Information nutritionnelle:</u>Glucides totaux 66 g Fibres alimentaires : 5 g Protéines : 13 g Lipides totaux : 23 g Calories : 525

Portions de curry de pois chiches

Portions : 4

Temps de cuisson : 25 minutes

Ingrédients:

2 × 15 oz Pois chiches, lavés, égouttés et cuits 2 c. huile d'olive

1 cuillère à soupe. poudre de curcuma

½ 1 oignon, coupé en dés

1 cuillère à café de Cayenne, moulu

4 gousses d'ail, hachées

2 cuillères à café de piment en poudre

15 onces de purée de tomates

Poivre noir à volonté

2 cuillères à soupe. concentré de tomates

1 cuillère à café de Cayenne, moulu

½ c. sirop d'érable

½ sur 15 onces. boîte de lait de coco

2 cuillères à café de cumin moulu

2 cuillères à café de paprika fumé

Adresses :

1. Chauffer une grande poêle à feu moyen. Pour cela, verser l'huile.

2. Lorsque l'huile est chaude, ajouter l'oignon et faire revenir pendant 3 à 4 heures

minutes ou jusqu'à ce qu'ils ramollissent.

3. Ajouter ensuite la pâte de tomates, le sirop d'érable, toutes les épices, la purée de tomates et l'ail. Bien mélanger.

4. Ajoutez ensuite les pois chiches cuits avec le lait de coco, le poivre noir et le sel.

5. Maintenant, mélangez bien le tout et laissez mijoter pendant 8 à 10 minutes

minutes ou jusqu'à épaississement.

6. Arroser de jus de citron et garnir de coriandre si désiré.

<u>Information nutritionnelle:</u>Calories : 224 Kcal Protéines : 15,2 g Glucides : 32,4 g Lipides : 7,5 g

Ingrédients du boeuf haché Stroganoff :

1 livre de bœuf haché maigre

1 petit oignon, coupé en dés

1 gousse d'ail hachée

3/4 livre de champignons nouveaux tranchés

3 cuillères à soupe de farine

2 tasses de bouillon de viande

sel et poivre au goût

2 cuillères à café de sauce Worcestershire

3/4 tasse de crème épaisse

2 cuillères à soupe de persil frais

Adresses :

1. Broyer l'escalope noire avec l'oignon et l'ail (en prenant soin de ne rien casser dessus) dans une assiette jusqu'à ce qu'elle ne soit plus rosée. Dirigez la graisse.

2. Ajouter les champignons tranchés et faire frire pendant 2-3 minutes. Incorporer la farine et cuire progressivement pendant 1 minute.

3. Ajouter le bouillon, la sauce Worcestershire, le sel et le poivre et porter à ébullition. Réduire le feu et cuire 10 minutes.

Cuire les nouilles aux œufs comme décrit sur l'emballage.

4. Retirer la viande du feu, mélanger avec la crème sure et le persil.

5. Servir avec des nouilles aux œufs.

Portions de côtes levées avec sauce

Portions : 4

Temps de cuisson : 65 minutes

Ingrédients:

2 livres. Côtes de veau

1 ½ cuillères à café d'huile d'olive

1 ½ cuillère à soupe de sauce soja

1 cuillère à soupe de sauce Worcestershire

1 cuillère à soupe de stévia

1 ¼ tasse d'oignon haché.

1 cuillère à café d'ail haché

1/2 tasse de vin rouge

⅓ tasse de sauce tomate, non sucrée

Sel et poivre noir au goût

Adresses :

1. Coupez les côtes en 3 quartiers et frottez-les avec du poivre noir et du sel.

2. Ajoutez l'huile dans l'Instant Pot et appuyez sur Sauté.

3. Placer les côtes levées dans l'huile et faire revenir 5 minutes de chaque côté.

4. Ajouter l'oignon et faire revenir pendant 4 minutes.

5. Ajouter l'ail et faire revenir pendant 1 minute.

6. Battre le reste des ingrédients dans un bol et verser sur les côtes.

7. Replacez le couvercle et faites cuire pendant 55 minutes à haute pression manuelle.

8. Une fois cela fait, relâchez la pression naturellement puis retirez le capuchon.

9. Servir chaud.

<u>Information nutritionnelle:</u>Calories 555, Glucides 12,8 g, Protéines 66,7 g, Lipides 22,3 g, Fibres 0,9 g

soupe de poulet sans gluten avec nouilles

Portions : 4

Temps de cuisson : 25 minutes

Ingrédients:

¼ tasse d'huile d'olive extra vierge

3 branches de céleri, coupées en tranches de ¼ de pouce

2 carottes moyennes, coupées en cubes de ¼ de pouce

1 petit oignon, coupé en cubes de ¼ de pouce

1 brin de romarin frais

4 tasses de bouillon de poulet

8 onces de penne sans gluten

1 cuillère à café de sel

¼ cuillère à café de poivre noir fraîchement moulu

2 tasses de poulet rôti en dés

¼ tasse de persil plat frais haché finement<u>Adresses :</u>

1. Faites chauffer l'huile à feu vif dans une grande casserole.

2. Ajouter le céleri, les carottes, l'oignon et le romarin et cuire jusqu'à ce qu'ils soient ramollis, 5 à 7 minutes.

3. Ajouter le bouillon, les penne, le sel et le poivre et porter à ébullition.

4. Porter à ébullition et cuire jusqu'à ce que les penne soient tendres, 8 à 10 minutes.

5. Retirez et jetez le brin de romarin, ajoutez le poulet et le persil.

6. Réduire le feu à un niveau bas. Cuire 5 minutes et servir.

Information nutritionnelle:Calories 485 Lipides totaux : 18g Glucides totaux : 47g Sucres : 4g Fibres : 7g Protéines : 33g Sodium : 1423mg

Portions de curry de lentilles

Portions : 4

Temps de cuisson : 40 minutes

Ingrédients:

2 cuillères à café de graines de moutarde

1 cuillère à café de curcuma, moulu

1 tasse de lentilles trempées

2 cuillères à café de graines de cumin

1 tomate, grosse et tranchée

1 oignon jaune, haché finement

4 verres d'eau

Sel de mer à volonté

2 carottes, coupées en croissants

3 poignées de feuilles d'épinards, hachées

1 cuillère à café de gingembre haché

½ cuillère à café de piment en poudre

2 cuillères à soupe. Huile de noix de coco

Adresses :

1. Tout d'abord, placez les haricots mungo et l'eau dans une casserole profonde à feu moyen.

2. Portez maintenant le mélange de haricots à ébullition et laissez mijoter.

3. Laisser mijoter de 20 à 30 minutes ou jusqu'à ce que les haricots mungo soient tendres.

4. Faites ensuite chauffer l'huile de coco dans une grande casserole à feu moyen et ajoutez les graines de moutarde et le cumin.

5. Si la moutarde craque, ajouter l'oignon. Faire revenir l'oignon pendant 4 minutes ou jusqu'à ce qu'ils ramollissent.

6. Versez l'ail et faites revenir 1 minute de plus.

Après l'arôme, versez le curcuma et la poudre de piment.

7. Ajouter ensuite la carotte et la tomate - Cuire pendant 6 minutes ou jusqu'à ce qu'elles soient ramollies.

8. Enfin, ajoutez les lentilles cuites et mélangez bien le tout.

9. Ajouter les feuilles d'épinards et les faire frire jusqu'à ce qu'elles soient flétries. Retirez-le du feu. Servir chaud et apprécier le goût.

<u>Information nutritionnelle:</u>Calories 290 Kcal Protéines : 14 g Glucides : 43 g Lipides : 8 g

Poulet Frit Et Pois

Portions : 4

Temps de cuisson : 10 minutes

Ingrédients:

1 ¼ tasse de poitrine de poulet désossée et sans peau, tranchée finement 3 cuillères à soupe de coriandre fraîche hachée

2 cuillères à soupe d'huile végétale

2 cuillères à soupe de graines de sésame

1 bouquet de ciboulette, finement tranché

2 cuillères à café de Sriracha

2 gousses d'ail hachées

2 cuillères à soupe de vinaigre de riz

1 poivron, tranché finement

3 cuillères à soupe de sauce soja

2½ tasses de petits pois

Sel au goût

Poivre noir fraîchement moulu au goût

Adresses :

1. Faire chauffer l'huile dans une poêle à feu moyen. Ajouter l'ail et la ciboulette finement ciselée. Cuire pendant une minute, puis ajouter 2 ½ tasses de petits pois avec les poivrons. Cuire jusqu'à tendreté, environ 3-4 minutes seulement.

2. Ajouter le poulet et cuire environ 4 à 5 minutes ou jusqu'à ce qu'il soit complètement cuit.

3. Ajouter 2 cuillères à café de Sriracha, 2 cuillères à soupe de sésame, 3

à soupe de sauce soja et 2 cuillères à soupe de vinaigre de riz. Remuer le tout jusqu'à ce qu'il soit bien mélangé. Laisser mijoter 2-3 minutes à feu doux.

4. Ajouter 3 cuillères à soupe de coriandre hachée et bien mélanger. Si désiré, retourner et saupoudrer de graines de sésame et de coriandre. Apprécier!

<u>Information nutritionnelle:</u>228 calories 11 g de matières grasses 11 g de glucides totaux 20 g de protéines

Brocoli juteux aux anchois et aux amandes

Portions : 6

Temps de cuisson : 10 minutes

Ingrédients:

2 bouquets de broccolini, parés

1 cuillère à soupe d'huile d'olive extra vierge

1 long piment rouge frais, sans pépins, finement haché 2 gousses d'ail, finement tranchées

¼ tasse d'amandes naturelles, hachées grossièrement

2 cuillères à café de zeste de citron finement râpé

Jus de citron, frais.

4 anchois à l'huile, hachés

Adresses :

1. Faites chauffer l'huile dans une grande casserole. Ajouter les anchois égouttés, l'ail, le piment et le zeste de citron. Cuire jusqu'à ce qu'il soit parfumé, environ 30

secondes, en remuant fréquemment. Ajouter les amandes et poursuivre la cuisson encore une minute en remuant fréquemment. Retirer du feu et ajouter le jus de citron frais.

2. Placez ensuite le brocoli dans le panier vapeur placé au-dessus de la casserole d'eau frémissante. Couvrir et cuire jusqu'à ce qu'ils soient croustillants, environ 2

jusqu'à 3 minutes. Bien égoutter, puis transférer dans une grande assiette de service. Saupoudrer du mélange d'amandes. Apprécier.

<u>Information nutritionnelle:</u>kcal 350 Lipides : 7 g Fibres : 3 g Protéines : 6 g

Galettes de shiitake et épinards

Portions : 8

Temps de cuisson : 15 minutes

Ingrédients:

1 ½ tasse de champignons shiitake, hachés

1 ½ tasse d'épinards hachés

3 gousses d'ail, hachées

2 oignons hachés

4 cuillères à café d'huile d'olive

1 oeuf

1 ½ tasse de quinoa cuit

1 ½ cuillère à café d'assaisonnement italien

1/3 tasse de graines de tournesol grillées, moulues

1/3 tasse de pecorino râpé

Adresses :

1. Faire chauffer l'huile d'olive dans une casserole. Une fois chauffés, faire frire les champignons shiitake pendant 3 minutes ou jusqu'à ce qu'ils soient légèrement carbonisés. Ajouter l'ail et l'oignon. Frire pendant 2 minutes ou jusqu'à ce qu'elles soient parfumées et translucides. Mettre de côté.

2. Faire chauffer le reste d'huile d'olive dans la même poêle. Ajouter les épinards. Réduire le feu, puis laisser mijoter 1 minute, égoutter et transférer dans une passoire.

3. Hachez finement les épinards et ajoutez-les au mélange de champignons. Ajouter l'œuf au mélange d'épinards. Ajouter le quinoa cuit, assaisonner avec l'assaisonnement italien, puis remuer jusqu'à ce qu'il soit bien mélangé. Saupoudrer de graines de tournesol et de fromage.

4. Divisez le mélange d'épinards en escalopes - faites cuire les escalopes dans les 5

minutes ou jusqu'à ce qu'ils soient fermes et dorés. Servir avec un pain à hamburger.

<u>Information nutritionnelle:</u>Calories 43 Glucides : 9 g Lipides : 0 g Protéines : 3 g

Salade de brocoli et de chou-fleur

Portions : 6

Temps de cuisson : 20 minutes

Ingrédients:

¼ cuillère à café de poivre noir, moulu

3 tasses de bouquets de chou-fleur

1 cuillère à soupe. Vinaigre

1 cuillère à café de miel

8 tasses de chou haché

3 tasses de bouquets de brocoli

4 cuillères à soupe d'huile d'olive extra vierge

½ cuillère à café de sel

1 ½ cuillère à café de moutarde de Dijon

1 cuillère à café de miel

½ tasse de cerises séchées

1/3 tasse de noix, hachées

1 tasse de fromage manchego râpé

Adresses :

1. Préchauffez le four à 450 °F et placez la plaque de cuisson sur l'étagère du milieu.

2. Placer ensuite les bouquets de chou-fleur et de brocoli dans un grand bol.

3. Versez-y la moitié du sel, deux cuillères à soupe d'huile et du poivre. Bien mélanger.

4. Transférez maintenant le mélange dans la poêle préchauffée et faites cuire pendant 12 minutes en retournant une fois au milieu.

5. Lorsqu'ils sont tendres et dorés, sortez-les du four et laissez-les refroidir complètement.

6. Pendant ce temps, mélangez les deux cuillères à soupe restantes d'huile, de vinaigre, de miel, de moutarde et de sel dans un autre bol.

7. Badigeonnez les feuilles de chou frisé avec ce mélange, en déplaçant les feuilles avec vos mains. Laisser reposer 3 à 5 minutes.

8. Enfin, ajoutez les légumes rôtis, le fromage, les cerises et les pacanes à la salade de brocoli et de chou-fleur.

Information nutritionnelle: Calories : 259 kcal Protéines : 8,4 g Glucides : 23,2 g Lipides : 16,3 g

Salade de poulet Chinoise

Portions : 3

Temps de cuisson : 25 minutes

Ingrédients:

1 oignon vert moyen (tranché finement)

2 poitrines de poulet désossées

2 cuillères à soupe de sauce soja

¼ cuillère à café de poivre blanc

1 cuillère à soupe d'huile de sésame

4 tasses de laitue romaine (hachée)

1 tasse de chou (râpé)

¼ tasse de carottes, coupées en petits dés

¼ tasse d'amandes finement tranchées

¼ tasse de pâtes (servant seulement)

Préparation de la vinaigrette chinoise :

1 gousse d'ail hachée

1 cuillère à café de sauce soja

1 cuillère à soupe d'huile de sésame

2 cuillères à soupe de vinaigre de riz

1 cuillère à soupe de sucre

Adresses :

1. Préparez la sauce chinoise en mélangeant tous les ingrédients dans un bol.

2. Dans un bol, faire mariner les poitrines de poulet avec l'ail, l'huile d'olive, la sauce soya et le poivre blanc pendant 20 minutes.

3. Placer le plat de cuisson dans le four préchauffé (à 225°C).

4. Placer les poitrines de poulet dans un plat allant au four et cuire environ 20

minutes.

5. Pour faire la salade, mélanger la laitue romaine, le chou, les carottes et les oignons verts.

6. Pour servir, mettre un morceau de poulet dans une assiette et de la salade dessus. Verser un peu de vinaigrette avec les pâtes.

Information nutritionnelle: Calories 130 Glucides : 10 g Lipides : 6 g Protéines : 10 g

Poivrons farcis au quinoa et à l'amarante

Portions : 4

Temps de cuisson : 1h10

Ingrédients:

2 cuillères à soupe d'amarante

1 courgette moyenne, parée et râpée

2 tomates de vigne mûres, coupées en dés

2/3 tasse (environ 135 g) de quinoa

1 oignon moyen finement haché

2 gousses d'ail écrasées

1 cuillère à café de cumin moulu

2 cuillères à soupe de graines de tournesol légèrement grillées 75 g de ricotta fraîche

2 cuillères à soupe de groseilles

4 gros poivrons, coupés en deux dans le sens de la longueur et épépinés 2 cuillères à soupe de persil haché<u>Adresses :</u>

1. Tapisser une plaque à pâtisserie, de préférence une grande, de papier parchemin (antiadhésif), puis préchauffer le four à 350 F. Remplir une casserole moyenne avec environ un demi-litre d'eau, puis ajouter l'amarante et le quinoa ; porter à ébullition à feu modéré. Une fois que vous avez fait cela, baissez le feu à un réglage bas; couvrir et laisser mijoter jusqu'à ce que les haricots soient al dente et que l'eau soit absorbée, 12 à 15 minutes. Retirer du feu et réserver.

2. Entre-temps, huiler légèrement une grande poêle et chauffer à feu moyen. Une fois chauffé, ajouter l'oignon de courgette et cuire quelques minutes jusqu'à ce qu'il soit ramolli, en remuant fréquemment. Ajouter le cumin et l'ail; cuire une minute. Retirer du feu et laisser refroidir.

3. Mettez les haricots, le mélange d'oignons, les graines de tournesol, les raisins de Corinthe, le persil, la ricotta et les tomates dans un bol, de préférence un grand ; bien mélanger les ingrédients jusqu'à ce qu'ils soient bien combinés; assaisonner de poivre et de sel au goût.

4. Remplissez les poivrons avec le mélange de quinoa préparé et placez-les sur le plateau, en recouvrant le plateau de papier d'aluminium. Nous cuisinons de 17h00 à 20h00 minutes. Retirer le papier d'aluminium et cuire jusqu'à ce que la garniture soit dorée et que les légumes soient tendres, 15 à 20 minutes de plus.

Information nutritionnelle:kcal 200 Lipides : 8,5 g Fibres : 8 g Protéines : 15 g

Filet de poisson enrobé de fromage croustillant

Portions : 4

Temps de cuisson : 10 minutes

Ingrédients:

¼ tasse de chapelure de grains entiers

¼ tasse de parmesan râpé

¼ cuillère à café de sel de mer ¼ cuillère à café de poivre moulu

1 cuillère à soupe. 4 filets de tilapia à l'huile d'olive

Adresses :

1. Préchauffer le four à 375°F.

2. Ajouter la chapelure, le parmesan, le sel, le poivre et l'huile d'olive dans le bol.

3. Bien mélanger jusqu'à ce que le tout soit bien mélangé.

4. Badigeonnez les filets avec le mélange et placez-les sur une plaque à pâtisserie légèrement vaporisée.

5. Placez le plateau dans le four.

6. Cuire au four pendant 10 minutes jusqu'à ce que les filets soient cuits et dorés.

<u>Information nutritionnelle:</u>Calories : 255 Lipides : 7 g Protéines : 15,9 g Glucides : 34 g Fibres : 2,6 g

Haricots protéinés et coquillages verts farcis

Ingrédients:

Original ou sel de mer

huile d'olive

12 onces. 1 paquet de pétoncles de la taille de l'espèce (environ 40) 1 lb d'épinards solidifiés

2 à 3 gousses d'ail, pelées et divisées

15 à 16 oz de cheddar ricotta (de préférence du lait entier/entier) 2 œufs

1 boîte de haricots blancs (cannellini par exemple), égouttés et rougis

½ tasse de pesto vert, fait sur mesure ou acheté localement Poivre noir moulu

3 tasses (ou plus) de sauce marinara

Parmesan râpé ou Pecorino Cheddar (facultatif)<u>Adresses :</u>

1. Faites chauffer au moins 5 litres d'eau à ébullition dans une grande casserole (ou travaillez en deux petits groupes). Ajouter une cuillère à soupe de sel, un peu d'huile d'olive et le zeste. Faire bouillir pendant environ 9 minutes (ou jusqu'à ce qu'ils soient très fermes), en remuant de temps en temps pour isoler les coquilles. Pressez doucement les coquilles dans une

passoire ou retirez-les de l'eau avec une cuillère ouverte. Laver rapidement à l'eau froide. Tapisser la plaque chauffante avec les bords d'une pellicule plastique. Avant que les coquilles ne soient suffisamment refroidies pour être traitées, cassez-les à la main, en versant l'excès d'eau et en perçant un trou dans une seule couche du contenant de feuilles. Dépliez la pellicule de plastique progressivement lorsqu'elle est pratiquement froide.

2. Versez quelques litres d'eau (ou utilisez le reste de l'eau des pâtes si vous ne l'avez pas renversée) dans la bulle d'un pot similaire. Ajouter les épinards surgelés et cuire pendant trois minutes à feu vif jusqu'à ce qu'ils ramollissent. Tapisser une passoire de papier essuie-tout imbibé si les trous sont gros, puis y retourner les épinards. Placez une passoire au-dessus du bol pour filtrer davantage au fur et à mesure que le remplissage commence.

3. Mettez l'ail seul dans un robot culinaire et mixez jusqu'à ce qu'il soit finement haché et colle aux parois. Racler les parois du bol, à ce stade ajouter la ricotta, les œufs, les haricots, le pesto, 1½

cuillères à café de sel et quelques cuillères à soupe de poivre (grande pression). Appuyez sur les épinards dans votre main pour bien utiliser l'eau restante, puis ajoutez-la aux différents accessoires du processeur de nutriments. Pétrir jusqu'à ce qu'il soit presque lisse avec quelques petits morceaux d'épinards encore perceptibles. Je suis enclin à ne pas essayer après avoir inclus l'œuf cru, mais si vous trouvez que votre saveur de base est un peu différente, ajustez la saveur au goût.

4. Chauffer le gril à 350 (F) et doucher ou huiler légèrement 9 x 13"

casserole et un autre plat plus petit pour le ragoût (environ 8 à 10 coquilles ne rentrent pas dans un 9x13). Pour remplir les coques, prenez chaque coque à tour de rôle en la tenant ouverte avec le pouce et l'index de votre main non dominante. Avec l'autre main, prenez 3 à 4 cuillères à soupe de la masse et grattez la croûte. La plupart d'entre eux n'auront pas l'air trop beaux, ce qui est bien! Placez les coquilles remplies les unes à côté des autres dans le récipient préparé. Versez la sauce sur les coquilles, en laissant des morceaux de garniture verte indubitables. Lubrifiez le bol avec des matières fécales et faites cuire pendant 30 minutes. Augmentez la température à 375 (F), saupoudrez les coquilles avec un peu de parmesan moulu (si vous en utilisez) et révélez le feu pendant encore 5

jusqu'à 10 minutes, jusqu'à ce que le fromage cheddar soit fondu et que la quantité d'humidité soit réduite.

5. Laisser refroidir pendant 5 à 10 minutes. Pendant ce temps, servir nature ou avec un mélange frais de légumes verts.

Ingrédients pour la salade de nouilles asiatiques :

8 onces de nouilles légères de blé entier telles que des spaghettis (utilisez des nouilles soba pour faire sans gluten) 24 onces de salade de chou au brocoli de Mann - 2 sacs de 12 onces 4 onces de carottes râpées

1/4 tasse d'huile d'olive extra vierge

1/4 tasse de vinaigre de riz

3 cuillères à soupe de nectar - utilisez du nectar d'agave léger pour faire un amateur de légumes

3 cuillères à soupe de crème de noisette onctueuse

2 cuillères à soupe de sauce soja à faible teneur en sodium – sans gluten si désiré

1 cuillère à soupe de gingembre frais haché

2 cuillères à café d'ail haché - environ 4 gousses 3/4 tasse de cacahuètes grillées non salées - généralement hachées 3/4 tasse de coriandre fraîche - finement hachée

Adresses :

1. Faites chauffer une grande casserole d'eau salée jusqu'à ébullition. Cuire les pâtes jusqu'à ce qu'elles soient légèrement fermes selon les noms des emballages. Égoutter et rincer rapidement sous l'eau froide pour égoutter l'excédent d'amidon et stopper la cuisson puis transférer dans un grand bol. Plus salade de chou avec brocoli et carottes.

2. Pendant que les pâtes cuisent, mélanger l'huile d'olive, le vinaigre de riz, le nectar, la crème d'arachide, la sauce soja, la Sriarcha, le gingembre et l'ail. Verser le mélange de pâtes et remuer pour consolider. Ajouter les cacahuètes et la coriandre et mélanger à nouveau. Servir froid ou à température ambiante avec de la sauce Sriracha supplémentaire si désiré.

3. Remarques sur la formule

4. La salade de nouilles asiatiques peut être servie froide ou à température ambiante.

Réfrigérer les restes dans un récipient étanche/hermétique jusqu'à 3 jours.

Portions de saumon et haricots verts

Portions : 4

Temps de cuisson : 26 minutes

Ingrédients:

2 cuillères à soupe d'huile d'olive

1 oignon jaune haché

4 filets de saumon, désossés

1 tasse de haricots verts, parés et coupés en deux

2 gousses d'ail hachées

½ tasse de bouillon de poulet

1 cuillère à café de piment en poudre

1 cuillère à café de paprika doux

Une pincée de sel et de poivre noir.

1 cuillère à soupe de coriandre hachée

Adresses :

1. Faites chauffer une poêle avec de l'huile à feu moyen, ajoutez l'oignon, remuez et faites revenir pendant 2 minutes.

2. Ajouter le poisson et faire revenir 2 minutes de chaque côté.

3. Ajouter le reste des ingrédients, mélanger délicatement et cuire le tout à 360 degrés F pendant 20 minutes.

4. Répartissez le tout dans des assiettes et servez pour le dîner.

<u>Information nutritionnelle:</u>Calories 322, Lipides 18,3, Fibres 2, Glucides 5,8, Protéines 35,7

Ingrédients pour le poulet farci au fromage :

2 ciboulette (en fines tranches)

2 piments jalapeno avec graines (trancher finement)

1/4 tasse de coriandre

1 cuillère à café de citron vert

4 oz Cheddar Monterey Jack (haché grossièrement) 4 poitrines de poulet désossées et sans peau

3 cuillères à soupe d'huile d'olive

Sel

Poivre

3 cuillères à soupe de jus de citron

2 poivrons rouges (tranchés finement)

1/2 petit oignon rouge (rarement haché)

Laitue romaine déchirée du Ve siècle

Adresses :

1. Chauffer le gril à 450 ° F. Dans un bol, mélanger les oignons verts et les jalapeños avec les graines, 1/4 tasse de coriandre (hachée) et de citron vert prêt à l'emploi, puis mélanger avec le fromage cheddar Monterey Jack.

2. Placez la lame dans le morceau le plus épais de chaque poitrine de poulet désossée et sans peau et faites des allers-retours pour faire une empreinte de 2 1/2 pouces aussi large que possible sans expérimenter. . Farcir le poulet avec le mélange de fromage cheddar.

3. Faites chauffer 2 cuillères à soupe d'huile d'olive dans une grande poêle à feu moyen.

Assaisonner le poulet avec du sel et du poivre et cuire jusqu'à ce qu'il soit plus foncé d'un côté, 3 à 4 minutes. Retourner le poulet et griller jusqu'à ce qu'il soit bien cuit, 10 à 12 minutes.

4. Entre-temps, dans un grand bol, mélanger le jus de citron, 1

à soupe d'huile d'olive et 1/2 cuillère à café de sel. Ajouter les poivrons et l'oignon violet et laisser reposer 10 minutes en remuant de temps en temps. Ajouter la laitue romaine et 1 tasse de coriandre fraîche. Servir avec du poulet et des quartiers de citron.

Roquette avec vinaigrette au gorgonzola

Portions : 4

Temps de cuisson : 0 minute

Ingrédients:

1 botte de roquette, nettoyée

1 poire, coupée en fines tranches

1 cuillère à soupe de jus de citron frais

1 gousse d'ail écrasée

1/3 tasse de fromage gorgonzola, émietté

1/4 tasse de bouillon de légumes réduit en sodium

poivre fraîchement moulu

4 cuillères à café d'huile d'olive

1 cuillère à soupe de vinaigre de cidre de pomme

Adresses :

1. Mettez les tranches de poire et le jus de citron dans un bol. Mélanger dans le manteau.

Disposez les tranches de poire avec la roquette sur un plat.

2. Mélanger le vinaigre, l'huile, le fromage, le bouillon, le poivre et l'ail dans un bol. Laisser agir 5 minutes, retirer l'ail. Appliquer la vinaigrette, puis servir.

<u>Information nutritionnelle:</u>Calories 145 Glucides : 23 g Lipides : 4 g Protéines : 6 g

portions de soupe aux choux

Portions : 6

Temps de cuisson : 35 minutes

Ingrédients:

1 oignon jaune haché

1 chou vert, haché

2 cuillères à soupe d'huile d'olive

5 tasses de bouillon de légumes

1 carotte, pelée et râpée

Une pincée de sel et de poivre noir.

1 cuillère à soupe de coriandre hachée

2 cuillères à café de thym haché

½ cuillère à café de paprika fumé

½ cuillère à café de paprika fort

1 cuillère à soupe de jus de citron

Portions de riz de chou-fleur

Portions : 4

Temps de cuisson : 10 minutes

Ingrédients:

¼ tasse d'huile de cuisson

1 cuillère à soupe. Huile de noix de coco

1 cuillère à soupe. sucre de coco

4 tasses de chou-fleur, cassé en bouquets de ½ cuillère à café. Sel

Adresses :

1. Tout d'abord, mixez le chou-fleur dans un robot culinaire et mixez pendant 1 à 2 minutes.

2. Faites chauffer l'huile dans une grande poêle à feu moyen, puis ajoutez le chou-fleur avec le riz, le sucre de coco et le sel.

3. Bien mélanger et cuire 4 à 5 minutes jusqu'à ce que le chou-fleur soit légèrement tendre.

4. Enfin, versez le lait de coco et dégustez.

<u>Information nutritionnelle:</u>Calories 108 Kcal Protéines : 27,1 g Glucides : 11 g Lipides : 6 g

Portions d'épinards et de feta frittata

Portions : 4

Temps de cuisson : 10 minutes

Ingrédients:

½ petit oignon rouge

250 g de pousses d'épinards

½ tasse de fromage feta

1 cuillère à soupe de pâte d'ail

4 œufs battus

un mélange d'épices

Sel et poivre au goût

1 cuillère à soupe d'huile d'olive

Adresses :

1. Ajouter un oignon finement haché dans l'huile et faire revenir à feu moyen.

2. Ajouter les épinards à l'oignon brun clair et mélanger 2 min.

3. Ajouter le mélange d'épinards et d'oignons refroidi aux œufs.

4. Ajoutez maintenant la pâte d'ail, le sel et le poivre et mélangez.

5. Cuire ce mélange à feu doux et casser délicatement les œufs.

6. Ajoutez la feta aux œufs et placez la casserole sous le gril déjà chauffé.

7. Frire environ 2 à 3 minutes jusqu'à ce que la frittata soit dorée.

8. Servez cette frittata à la feta chaude ou froide.

<u>Information nutritionnelle:</u>Calories 210 Glucides : 5 g Lipides : 14 g Protéines : 21 g

Autocollants de poulet rôti Ingrédients :

1 livre de poulet haché

1/2 tasse de chou haché

1 carotte, pelée et détruite

2 gousses d'ail, pressées

2 oignons verts, tranchés finement

1 cuillère à soupe de sauce soja réduite en sodium

1 cuillère à soupe de sauce hoisin

1 cuillère à soupe de gingembre naturellement moulu

2 cuillères à café d'huile de sésame

1/4 cuillère à café de poivre blanc moulu

36 forfaits gagnés

2 cuillères à soupe d'huile végétale

POUR LA SAUCE À L'HUILE DE PIMENT CHAUD :

1/2 tasse d'huile végétale

1/4 tasse de piments rouges séchés, écrasés

2 gousses d'ail hachées

Adresses :

1. Faites chauffer l'huile végétale dans une petite poêle à feu moyen. Incorporer les poivrons et l'ail broyés, en remuant de temps en temps, jusqu'à ce que l'huile atteigne 180 degrés F, environ 8 à 10 minutes; mettre en lieu sûr.

2. Dans un grand bol, mélanger le poulet, le chou, les carottes, l'ail, les oignons nouveaux, la sauce soya, la sauce hoisin, le gingembre, l'huile de sésame et le poivre blanc.

3. Pour récupérer les boulettes de viande, placez le paquet sur un plan de travail.

Appliquer 1 cuillère à soupe de mélange de poulet au centre de chaque paquet. Utilisez votre doigt pour frotter les bords des wraps avec de l'eau. Pliez le mélange sur la garniture pour former un croissant, en pinçant les bords ensemble pour sceller.

4. Chauffer l'huile végétale dans une grande poêle à feu moyen.

Placez les autocollants du pot en une seule couche et faites cuire jusqu'à ce qu'ils soient brillants et refroidissent, environ 2-3 minutes de chaque côté.

5. Servir rapidement avec une sauce chaude à l'huile de goulash.

Crevettes à l'ail avec gruau de chou-fleur

Portions : 2

Temps de cuisson : 15 minutes

Ingrédients:

Pour préparer les crevettes

1 livre de crevettes

2-3 cuillères à soupe d'épices cajun

Sel

1 cuillère à soupe de beurre/ghee

Pour la préparation de la bouillie de chou-fleur

2 cuillères à soupe de beurre clarifié

12 onces de chou-fleur

1 gousse d'ail

Sel au goût

Adresses :

1. Cuire le chou-fleur et l'ail dans 8 onces d'eau à feu moyen jusqu'à ce qu'ils soient tendres.

2. Mélanger le bébé chou-fleur dans un robot culinaire avec du ghee. Ajouter progressivement de l'eau bouillante pour obtenir la bonne consistance.

3. Saupoudrer les crevettes de 2 cuillères à soupe d'assaisonnement cajun et laisser mariner.

4. Dans une grande casserole, prenez 3 cuillères à soupe de ghee et faites cuire les crevettes à feu moyen.

5. Mettez une grande cuillerée de chou-fleur dans un bol et garnissez de crevettes frites.

<u>Information nutritionnelle:</u>Calories 107 Glucides : 1 g Lipides : 3 g Protéines : 20 g

Thon au brocoli

Portions : 1

Temps de cuisson : 10 minutes

Ingrédients:

1 cuillère à café d'huile d'olive extra vierge

3 oz de thon dans l'eau, de préférence léger et épais, égoutté 1 c. Noix hachées grossièrement

2 tasses de brocoli, haché finement

½ cuillère à café de sauce piquante

Adresses :

1. Commencez par mélanger le brocoli, les épices et le thon dans un grand bol jusqu'à ce qu'ils soient bien mélangés.

2. Mettez ensuite les légumes au micro-ondes pendant 3 minutes ou jusqu'à ce qu'ils soient tendres.

3. Ajoutez ensuite les noix et l'huile d'olive dans le bol et mélangez bien.

4. Servir et déguster.

Information nutritionnelle: Calories 259 Kcal Protéines : 27,1 g Glucides : 12,9 g Lipides : 12,4 g

Soupe de crevettes à la courge musquée

Portions : 4

Temps de cuisson : 20 minutes

Ingrédients:

3 cuillères à soupe de beurre non salé

1 petit oignon rouge, haché finement

1 gousse d'ail hachée

1 cuillère à café de curcuma

1 cuillère à café de sel

¼ cuillère à café de poivre noir fraîchement moulu

3 tasses de bouillon de légumes

2 tasses de courge musquée pelée, coupée en cubes de ¼ de pouce 1 livre de crevettes cuites décortiquées, décongelées au besoin 1 tasse de lait d'amande non sucré

¼ tasse d'amandes hachées (facultatif)

2 cuillères à soupe de persil frais finement haché 2 cuillères à soupe de zeste de citron râpé ou haché

Adresses :

1. Faire fondre le beurre à feu vif dans une grande casserole.

2. Ajouter l'oignon, l'ail, le curcuma, le sel et le poivre et cuire jusqu'à ce que les légumes soient tendres et translucides, 5 à 7 minutes.

3. Ajouter le bouillon et la citrouille et porter à ébullition.

4. Cuire à feu doux pendant 5 minutes.

5. Ajouter les crevettes et le lait d'amande et cuire jusqu'à ce qu'ils soient bien chauds, environ 2 minutes.

6. Saupoudrer d'amandes (le cas échéant), de persil et de zeste de citron et servir.

<u>Information nutritionnelle:</u>Calories 275 Lipides totaux : 12g Glucides totaux : 12g Sucres : 3g Fibres : 2g Protéines : 30g Sodium : 1665mg

Boulettes de dinde cuites au four épicées

Portions : 6

Temps de cuisson : 30 minutes

Ingrédients:

1 livre de dinde hachée

½ tasse de chapelure fraîche blanche ou de blé entier ½ tasse de parmesan fraîchement râpé

½ cuillère à soupe de basilic, fraîchement haché

½ cuillère à soupe d'origan, fraîchement haché

1 morceau de gros oeuf, battu

1 cuillère à soupe. persil, fraîchement haché

3 cuillères à soupe de lait ou d'eau

Une pincée de sel et de poivre

Une pincée de noix de muscade fraîchement râpée

Adresses :

1. Préchauffer le four à 350°F.

2. Tapisser deux moules à cake de papier sulfurisé.

3. Ajouter tous les ingrédients dans un grand bol.

4. Façonner la pâte en boules de 1 pouce et placer chaque boule dans le plat de cuisson.

5. Mettez la casserole dans le four.

6. Cuire au four pendant 30 minutes ou jusqu'à ce que la dinde soit bien cuite et que les surfaces soient dorées.

7. Retourner les boulettes une fois à mi-cuisson.

Information nutritionnelle:Calories : 517 kcal Lipides : 17,2 g Protéines : 38,7 g Glucides : 52,7 g Fibres : 1 g

Portions de soupe de moules claire

Portions : 4

Temps de cuisson : 15 minutes

Ingrédients:

2 cuillères à soupe de beurre non salé

2 carottes moyennes, coupées en morceaux de ½ pouce

2 branches de céleri, tranchées finement

1 petit oignon rouge, coupé en cubes de ¼ de pouce

2 gousses d'ail, tranchées

2 tasses de bouillon de légumes

1 (8 onces) bouteille de jus de palourde

1 (10 onces) boîte de palourdes

½ cuillère à café de thym séché

½ cuillère à café de sel

¼ cuillère à café de poivre noir fraîchement moulu

Adresses :

1. Faire fondre le beurre dans une grande casserole à feu vif.

2. Ajouter les carottes, le céleri, l'oignon et l'ail et cuire 2 à 3 minutes jusqu'à ce qu'ils soient légèrement ramollis.

3. Ajouter le bouillon et le jus de palourde et porter à ébullition.

4. Porter à ébullition et cuire jusqu'à ce que les carottes soient tendres, de 3 à 5 minutes.

5. Ajouter les moules et leur jus, le thym, le sel et le poivre, chauffer 2-3 minutes et servir.

Information nutritionnelle:Calories 156 Lipides totaux : 7 g Glucides totaux : 7 g Sucres : 3 g Fibres : 1 g Protéines : 14 g Sodium : 981 mg

Portions de riz et de poulet dans une casserole

Portions : 4

Temps de cuisson : 25 minutes

Ingrédients:

1 livre de poitrine de poulet fermier, désossée et sans peau ¼ tasse de riz brun

¾ livre de vos champignons préférés, tranchés

1 poireau tranché

¼ tasse d'amandes hachées

1 verre d'eau

1 cuillère à soupe. huile d'olive

1 tasse de haricots verts

½ tasse de vinaigre de cidre de pomme

2 cuillères à soupe. farine tout usage

1 tasse de lait faible en gras

¼ tasse de parmesan, fraîchement râpé

¼ tasse de crème sure

Une pincée de sel de mer, ajoutez-en plus si nécessaire

poivre noir moulu au goût

Adresses :

1. Versez le riz brun dans la casserole. Ajoutez de l'eau. Couvrir et porter à ébullition. Réduire le feu et laisser mijoter pendant 30 minutes ou jusqu'à ce que le riz soit cuit.

2. Pendant ce temps, ajoutez la poitrine de poulet dans la poêle et versez suffisamment d'eau pour la recouvrir, assaisonnez avec du sel. Porter le mélange à ébullition, puis réduire le feu et laisser mijoter 10 minutes.

3. Effilochez le poulet. Mettre de côté.

4. Faire chauffer l'huile d'olive. Faire bouillir les poireaux jusqu'à ce qu'ils soient tendres. Ajouter les champignons.

5. Versez du vinaigre de cidre de pomme dans le mélange. Faire revenir le mélange jusqu'à ce que le vinaigre s'évapore. Ajouter la farine et le lait dans la poêle.

Saupoudrer de parmesan et ajouter la crème sure. Assaisonner de poivre noir.

6. Préchauffer le four à 350 degrés F. Graisser légèrement une poêle avec de l'huile.

7. Étalez le riz cuit sur la cocotte, puis le poulet haché et les haricots verts par-dessus. Ajouter la sauce aux champignons et les poireaux.

Mettez les amandes dessus.

8. Cuire au four pendant 20 minutes ou jusqu'à ce qu'ils soient dorés. Laisser refroidir avant de servir.

<u>Information nutritionnelle:</u>Calories 401 Glucides : 54 g Lipides : 12 g Protéines : 20 g

Portions de crevettes Jumble Jambalaya frites : 4

Temps de cuisson : 30 minutes

Ingrédients:

10 oz de crevettes moyennes, décortiquées

¼ tasse de céleri haché ½ tasse d'oignon haché

1 cuillère à soupe. huile ou beurre ¼ cuillère à café d'ail haché

¼ cuillère à café d'oignon ou de sel de mer

⅓ tasse de sauce tomate ½ cuillère à café de paprika fumé

½ cuillère à café de sauce Worcestershire

⅔ tasse de carottes hachées

1¼ tasse de saucisse de poulet, cuite et coupée en dés 2 tasses de lentilles, trempées pendant la nuit et précuites 2 tasses de gombo, haché

Une pincée de poivre rouge moulu et de fromage parmesan au poivre noir, râpé pour saupoudrer (facultatif)<u>Adresses :</u>

1. Faire sauter les crevettes, le céleri et l'oignon dans l'huile dans une poêle à feu moyen pendant cinq minutes ou jusqu'à ce que les crevettes deviennent roses.

2. Ajouter le reste des ingrédients et faire revenir pendant 10

minutes ou jusqu'à ce que les légumes soient tendres.

3. Pour servir, répartir uniformément le mélange de jambalaya dans quatre bols.

4. Saupoudrer de poivre et de fromage si désiré.

Information nutritionnelle:Calories : 529 Lipides : 17,6 g Protéines : 26,4 g Glucides : 98,4 g Fibres : 32,3 g

Portions de poulet au piment

Portions : 6

Temps de cuisson : 1 heure

Ingrédients:

1 oignon jaune haché

2 cuillères à soupe d'huile d'olive

2 gousses d'ail hachées

1 livre de poitrine de poulet, sans peau, désossée et coupée en dés 1 poivron vert, haché

2 tasses de bouillon de poulet

1 cuillère à soupe de cacao en poudre

2 cuillères à soupe de piment en poudre

1 cuillère à café de paprika fumé

1 tasse de tomates en conserve, hachées

1 cuillère à soupe de coriandre hachée

Une pincée de sel et de poivre noir.

Adresses :

1. Faites chauffer une casserole avec de l'huile à feu moyen, ajoutez l'oignon et l'ail et faites revenir pendant 5 minutes.

2. Ajouter la viande et cuire encore 5 minutes.

3. Ajouter le reste des ingrédients, mélanger, cuire à feu moyen pendant 40 minutes.

4. Répartir le chili dans des bols et servir pour le dîner.

<u>Information nutritionnelle</u>:Calories 300, Lipides 2, Fibres 10, Glucides 15, Protéines 11

Portions de soupe à l'ail et aux lentilles

Portions : 4

Temps de cuisson : 15 minutes

Ingrédients:

2 cuillères à soupe d'huile d'olive extra vierge

2 carottes moyennes, tranchées finement

1 petit oignon blanc, coupé en cubes de ¼ de pouce

2 gousses d'ail, tranchées finement

1 cuillère à café de cannelle moulue

1 cuillère à café de sel

¼ cuillère à café de poivre noir fraîchement moulu

3 tasses de bouillon de légumes

1 (15 onces) boîte de lentilles, égouttées et rincées 1 cuillère à soupe de zeste d'orange haché ou râpé

¼ tasse de noix hachées (facultatif)

2 cuillères à soupe de persil plat frais haché finementAdresses :

1. Faites chauffer l'huile à feu vif dans une grande casserole.

2. Ajouter les carottes, les oignons et l'ail et faire revenir jusqu'à ce qu'ils soient ramollis, 5 à 7

minutes.

3. Ajouter la cannelle, le sel et le poivre et mélanger pour bien enrober les légumes, 1 à 2 minutes.

4. Versez le bouillon et portez à ébullition. Porter à ébullition, puis ajouter les lentilles et cuire jusqu'à 1 minute.

5. Ajouter le zeste d'orange et servir saupoudré de noix (le cas échéant) et de persil.

Information nutritionnelle:Calories 201 Lipides totaux : 8 g Glucides totaux : 22 g Sucres : 4 g Fibres : 8 g Protéines : 11 g Sodium : 1178 mg

Courgettes épicées et poulet dans un sauté classique de Santa Fe

Portions : 2

Temps de cuisson : 15 minutes

Ingrédients:

1 cuillère à soupe. huile d'olive

2 morceaux de poitrine de poulet, tranchés

1 morceau d'oignon, petit, coupé en dés

2 gousses d'ail hachées 1 courgette coupée en dés ½ tasse de carottes râpées

1 cuillère à café de paprika fumé 1 cuillère à café de cumin moulu

½ cuillère à café de piment en poudre ¼ cuillère à café de sel de mer

2 cuillères à soupe. jus de citron frais

¼ tasse de coriandre fraîchement hachée

Riz brun ou quinoa au moment de servir

Adresses :

1. Faites frire le poulet dans l'huile d'olive pendant environ 3 minutes jusqu'à ce qu'il soit doré. Mettre de côté.

2. Utilisez le même wok et ajoutez l'oignon et l'ail.

3. Cuire jusqu'à ce que l'oignon ramollisse.

4. Ajouter les carottes et les courgettes.

5. Remuer le mélange et poursuivre la cuisson environ une minute.

6. Ajouter toutes les épices au mélange et remuer pour cuire encore une minute.

7. Remettez le poulet dans le wok et versez le jus de citron.

8. Remuer pour cuire jusqu'à ce que tout soit cuit.

9. Avant de servir, versez le mélange sur du riz cuit ou du quinoa et saupoudrez de coriandre fraîchement hachée.

<u>Information nutritionnelle:</u>Calories : 191 Lipides : 5,3 g Protéines : 11,9 g Glucides : 26,3 g Fibres : 2,5 g

Tacos au tilapia avec une impressionnante salade de gingembre et de sésame

Portions : 4

Temps de cuisson : 5 heures.

Ingrédients:

1 cuillère à café de gingembre frais râpé

Sel et poivre noir fraîchement moulu au goût 1 cuillère à café de stévia

1 cuillère à soupe de sauce soja

1 cuillère à soupe d'huile d'olive

1 cuillère à soupe de jus de citron

1 cuillère à soupe de yaourt nature

1,5 livres de filets de tilapia

1 tasse de mélange de salade de chou

Adresses :

1. Allumez Instant Pot, ajoutez tous les ingrédients sauf les filets de tilapia et la salade de chou et mélangez jusqu'à ce qu'ils soient bien mélangés.

2. Ajouter ensuite les filets, remuer jusqu'à ce qu'ils soient bien enrobés, fermer avec le couvercle, presser

bouton "cuisson lente" et cuire pendant 5 heures en retournant les filets à mi-cuisson.

3. Lorsque vous avez terminé, transférez les filets dans une assiette et laissez refroidir complètement.

4. Pour préparer le repas, divisez la salade de chou dans quatre contenants hermétiques, ajoutez le tilapia et réfrigérez jusqu'à trois jours.

5. Lorsque vous êtes prêt à manger, passez le tilapia au micro-ondes jusqu'à ce qu'il soit chaud, puis servez-le avec une salade de chou.

<u>Information nutritionnelle:</u>Calories 278, matières grasses totales 7,4 g, glucides totaux 18,6 g, protéines 35,9 g, sucre 1,2 g, fibres 8,2 g, sodium 194 mg

Ragoût de lentilles au curry

Portions : 4

Temps de cuisson : 15 minutes

Ingrédients:

1 cuillère à soupe d'huile d'olive

1 oignon haché

2 gousses d'ail hachées

1 cuillère à soupe d'épices curry bio

4 tasses de bouillon de légumes biologique à faible teneur en sodium 1 tasse de lentilles rouges

2 tasses de citrouille, cuite

1 tasse de chou frisé

1 cuillère à café de curcuma

sel de mer au goût

Adresses :

1. Faire revenir l'huile avec l'oignon et l'ail dans une grande casserole à feu moyen, ajouter. Frire pendant 3 minutes.

2. Ajouter le curry bio, le bouillon de légumes et les lentilles et porter à ébullition. Cuire pendant 10 minutes.

3. Ajouter la citrouille cuite et le chou frisé.

4. Ajouter le curcuma et le sel de mer au goût.

5. Servir chaud.

Information nutritionnelle:Glucides totaux 41 g Fibres alimentaires : 13 g Protéines : 16 g Lipides totaux : 4 g Calories : 252

Salade César au chou frisé avec wrap au poulet grillé

Portions : 2

Temps de cuisson : 20 minutes

Ingrédients:

6 tasses de chou frisé coupé en petits morceaux ½ œuf à la coque; Cuit

8 onces de poulet grillé, tranché finement

½ cuillère à café de moutarde de Dijon

¾ tasse de parmesan, finement râpé

poivre noir

Sel casher

1 gousse d'ail hachée

1 tasse de tomates cerises, coupées en quartiers

1/8 tasse de jus de citron, fraîchement pressé

2 grandes tortillas ou deux pains plats Lavash

1 cuillère à café d'agave ou de miel

1/8 tasse d'huile d'olive

Adresses :

1. Dans un grand bol, mélanger un demi-œuf dur avec la moutarde, l'ail haché, le miel, l'huile d'olive et le jus de citron. Battre jusqu'à obtenir une consistance semblable à une vinaigrette. Assaisonner de poivre et de sel au goût.

2. Ajouter les tomates cerises, le poulet et le chou frisé; remuer doucement jusqu'à ce qu'il soit bien enrobé de sauce, puis ajouter ¼ tasse de parmesan.

3. Étalez les pains plats et répartissez uniformément la salade préparée sur les petits pains; saupoudrer chacun d'environ ¼ tasse de parmesan.

4. Roulez les wraps et coupez-les en deux. Servir aussitôt et déguster.

Information nutritionnelle:kcal 511 Lipides : 29 g Fibres : 2,8 g Protéines : 50 g

Salade de haricots et épinards Portions : 1

Temps de cuisson : 5 minutes

Ingrédients:

1 tasse d'épinards frais

¼ tasse de haricots noirs en conserve

½ tasse de pois chiches en conserve

½ tasse de champignons cremini

2 cuillères à soupe de vinaigrette balsamique bio 1 cuillère à soupe d'huile d'olive

Adresses :

1. Cuire les champignons cremini avec l'huile d'olive à feu doux-moyen pendant 5 minutes jusqu'à ce qu'ils soient légèrement dorés.

2. Garnir la salade en ajoutant des épinards frais dans l'assiette et en la mélangeant avec des haricots, des champignons et de la vinaigrette balsamique.

<u>Information nutritionnelle:</u>Glucides totaux 26 g Fibres alimentaires : 8 g Protéines : 9 g Lipides totaux : 15 g Calories : 274

Saumon pané aux noix et romarin Portions : 6

Temps de cuisson : 20 minutes

Ingrédients:

1 gousse d'ail hachée

1 cuillère à soupe de moutarde de Dijon

¼ cuillère à soupe de zeste de citron

1 cuillère à soupe de jus de citron

1 cuillère à soupe de romarin frais

1/2 cuillère à soupe de miel

huile d'olive

Persil frais

3 cuillères à soupe de noix hachées

1 livre de saumon sans peau

1 cuillère à soupe de piment rouge frais broyé

Sel poivre

Tranches de citron pour la décoration

3 cuillères à soupe de chapelure panko

1 cuillère à soupe d'huile d'olive extra vierge

Adresses :

1. Étaler la plaque de cuisson dans le four et préchauffer à 240°C.

2. Dans un bol, mélanger la pâte de moutarde, l'ail, le sel, l'huile d'olive, le miel, le jus de citron, le piment rouge broyé, le romarin et le miel.

3. Mélangez le panko, les noix et l'huile et étalez une fine tranche de poisson sur une plaque à pâtisserie. Arroser uniformément d'huile d'olive des deux côtés du poisson.

4. Versez le mélange de noix sur le saumon avec le mélange de moutarde sur le dessus.

5. Cuire le saumon pendant presque 12 minutes. Garnir de persil frais et de tranches de citron et servir chaud.

<u>Information nutritionnelle:</u>Calories 227 Glucides : 0 g Lipides : 12 g Protéines : 29 g

Patates douces au four avec sauce au tahini rouge Portions : 4

Temps de cuisson : 30 minutes

Ingrédients:

15 onces de pois chiches en conserve

4 patates douces moyennes

½ cuillère à soupe d'huile d'olive

1 pincée de sel

1 cuillère à soupe de jus de citron

1/2 cuillère à soupe de cumin, coriandre et poudre de paprika pour la sauce ail-herbes

¼ tasse de sauce tahini

½ cuillère à soupe de jus de citron

3 gousses d'ail

Sel au goût

Adresses :

1. Préchauffer le four à 204°C. Mélanger les pois chiches avec le sel, les épices et l'huile d'olive. Étalez-les sur une feuille d'aluminium.

2. Badigeonnez de fines tranches de patates douces d'huile, placez-les sur les haricots marinés et enfournez.

3. Pour la sauce, mélanger tous les ingrédients dans un bol. Ajoutez un peu d'eau mais gardez-la épaisse.

4. Après 25 minutes, sortez les patates douces du four.

5. Garnir la salade de patates douces aux pois chiches cuite au four avec une vinaigrette épicée à l'ail.

<u>Information nutritionnelle:</u>Calories 90 Glucides : 20 g Lipides : 0 g Protéines : 2 g

Portions de soupe de potiron d'été italienne

Portions : 4

Temps de cuisson : 15 minutes

Ingrédients:

3 cuillères à soupe d'huile d'olive extra vierge

1 petit oignon rouge, tranché finement

1 gousse d'ail hachée

1 tasse de courgettes râpées

1 tasse de citrouille jaune râpée

½ tasse de carotte râpée

3 tasses de bouillon de légumes

1 cuillère à café de sel

2 cuillères à soupe de basilic frais finement haché

1 cuillère à soupe de ciboulette fraîche finement hachée

2 cuillères à soupe de pignons de pin

Adresses :

1. Faites chauffer l'huile à feu vif dans une grande casserole.

2. Ajouter l'oignon et l'ail et cuire jusqu'à ce qu'ils soient ramollis, 5 à 7 minutes.

3. Ajouter les courgettes, la courge jaune et les carottes et cuire jusqu'à ce qu'elles soient ramollies, 1 à 2 minutes.

4. Ajouter le bouillon et le sel et porter à ébullition. Cuire à feu doux pendant 1 à 2 minutes.

5. Ajouter le basilic et la ciboulette et servir saupoudré de pignons de pin.

<u>Information nutritionnelle:</u>Calories 172 Lipides totaux : 15g Glucides totaux : 6g Sucres : 3g Fibres : 2g Protéines : 5g Sodium : 1170mg

Portions de soupe safran-saumon

Portions : 4

Temps de cuisson : 20 minutes

Ingrédients:

¼ tasse d'huile d'olive extra vierge

2 poireaux, parties blanches seulement, tranchés finement

2 carottes moyennes, tranchées finement

2 gousses d'ail, tranchées finement

4 tasses de bouillon de légumes

1 livre de filets de saumon sans peau, coupés en morceaux de 1 pouce 1 cuillère à café de sel

¼ cuillère à café de poivre noir fraîchement moulu

¼ cuillère à café de filaments de safran

2 tasses de pousses d'épinards

½ tasse de vin blanc sec

2 cuillères à soupe de ciboulette hachée, parties blanches et vertes 2 cuillères à soupe de persil frais finement haché<u>Adresses :</u>

1. Faites chauffer l'huile à feu vif dans une grande casserole.

2. Ajouter les poireaux, les carottes et l'ail et faire frire jusqu'à ce qu'ils soient ramollis, 5 à 7 minutes.

3. Verser le bouillon et porter à ébullition.

4. Porter à ébullition et ajouter le saumon, le sel, le poivre et le safran. Cuire jusqu'à ce que le saumon soit bien cuit, environ 8 minutes.

5. Ajouter les épinards, le vin, la ciboulette et le persil et cuire jusqu'à ce que les épinards soient flétris, 1 à 2 minutes, et servir.

<u>Information nutritionnelle:</u>Calories 418 Lipides totaux : 26g Glucides totaux : 13g Sucre : 4g Fibres : 2g Protéines : 29g Sodium : 1455mg

Soupe aux champignons épicée et aigre avec crevettes à la saveur thaïlandaise

Portions : 6

Temps de cuisson : 38 minutes

Ingrédients:

3 cuillères à soupe de beurre non salé

1 livre de crevettes, décortiquées et déveinées

2 cuillères à café d'ail haché

1 pouce de morceau de racine de gingembre, pelé

1 oignon moyen, coupé en dés

1 piment rouge thaïlandais, haché

1 tige de citronnelle

½ cuillère à café de zeste de citron frais

Sel et poivre noir fraîchement moulu au goût 5 tasses de bouillon de poulet

1 cuillère à soupe d'huile de noix de coco

½ livre de champignons cremini, tranchés

1 petite courgette verte

2 cuillères à soupe de jus de citron frais

2 cuillères à soupe de sauce de poisson

¼ bouquet de basilic thaï frais, haché

¼ bouquet de coriandre fraîche hachée

Adresses :

1. Prendre une grande casserole, placer sur feu moyen, ajouter le beurre, lorsqu'il est fondu, ajouter les crevettes, l'ail, le gingembre, l'oignon, le piment, la citronnelle et le zeste de citron vert, assaisonner de sel et de poivre noir, cuire 3 minutes.

2. Verser le bouillon, laisser mijoter 30 minutes, puis filtrer.

3. Faire chauffer une grande poêle à feu moyen, ajouter l'huile, lorsqu'elle est chaude, ajouter les champignons et les courgettes, assaisonner de sel et de poivre noir et cuire 3 minutes.

4. Ajouter le mélange de crevettes dans la poêle, laisser mijoter 2 minutes, arroser de jus de citron et de sauce de poisson et cuire 1 minute.

5. Goûtez l'assaisonnement, puis retirez la casserole du feu, garnissez de coriandre et de basilic et servez.

Information nutritionnelle: Calories 223, matières grasses totales 10,2 g, glucides totaux 8,7 g, protéines 23 g, sucre 3,6 g, sodium 1128 mg

Orzo aux tomates séchées Ingrédients :

1 livre de poitrine de poulet désossée et sans peau, coupée en cubes de 3/4 de pouce

1 cuillère à soupe + 1 cuillère à café d'huile d'olive

Sel et poivre noir moulu chaud

2 gousses d'ail hachées

1/4 tasse (8 onces) de pâtes sèches orzo

2 3/4 tasses de bouillon de poulet à faible teneur en sodium, plus mélangé à ce stade (n'utilisez pas de jus réguliers, il sera trop salé) 1/3 tasse d'huile d'herbes parties de tomates séchées au soleil (environ 12 parties. Secouez beaucoup de huile), haché finement au robot culinaire

1/2 - 3/4 tasse de cheddar parmesan finement haché, au goût 1/3 tasse de basilic croustillant haché

Adresses :

1. Faites chauffer 1 cuillère à soupe d'huile d'olive dans une sauteuse à feu moyen.

2. Une fois que la viande est brillante, ajouter le poulet, assaisonner légèrement de sel et de poivre et cuire jusqu'à ce qu'il soit brillant, environ 3 minutes à ce stade, retourner et cuire jusqu'à ce qu'il soit noir brillant et

bien cuit, environ 3 minutes. Transférer le poulet dans une assiette, graisser avec du papier d'aluminium pour qu'il se réchauffe.

3. Ajoutez 1 cuillère à café d'huile d'olive pour faire frire le plat; à ce stade, ajoutez l'ail et faites cuire pendant 20 secondes ou jusqu'à ce qu'il commence à briller légèrement, pendant ce temps versez le jus de poulet, en grattant les morceaux cuits du fond de la casserole.

4. Porter le bouillon à ébullition, ajouter les nouilles orzo, réduire le feu à une casserole moyenne avec couvercle et faire bouillonner doucement pendant 5 minutes à ce stade, déplier, remuer et continuer à faire bouillir jusqu'à ce que l'orzo soit bien cuit Délicat, environ 5 minutes de plus, en remuant de temps en temps (ne vous inquiétez pas, s'il reste du jus, il mordra un peu).

5. Une fois les pâtes entièrement cuites, incorporer le poulet orzo et retirer du feu. Ajouter le fromage cheddar parmesan et remuer jusqu'à ce qu'il soit fondu, puis ajouter les tomates séchées, le basilic et assaisonner

avec du poivre (il ne faut pas saler, mais en ajouter un peu si vous pensez en avoir besoin).

6. Ajoutez plus de jus pour éclaircir autant que vous le souhaitez (une fois les pâtes reposées, elles absorberont beaucoup de liquide, et j'ai aimé avec un peu d'excès alors j'ai ajouté quelque chose d'autre). Servir chaud.

Portions de soupe aux champignons et à la betterave

Portions : 4

Temps de cuisson : 40 minutes

Ingrédients:

2 cuillères à soupe d'huile d'olive

1 oignon jaune haché

2 betteraves, pelées et coupées en gros cubes

1 livre de champignons blancs, tranchés

2 gousses d'ail hachées

1 cuillère à soupe de pâte de tomate

5 tasses de bouillon de légumes

1 cuillère à soupe de persil haché

Adresses :

1. Faites chauffer une casserole avec de l'huile à feu moyen, ajoutez l'oignon et l'ail et faites revenir pendant 5 minutes.

2. Ajouter les champignons, mélanger et cuire encore 5 minutes.

3. Ajouter les betteraves et le reste des ingrédients, porter à ébullition et cuire à feu moyen pendant encore 30 minutes, en remuant de temps en temps.

4. Versez la soupe dans des bols et servez.

Information nutritionnelle:Calories 300, Lipides 5, Fibres 9, Glucides 8, Protéines 7

Ingrédients des boulettes de poulet au parmesan :

2 livres de poulet haché

3/4 tasse de chapelure panko sans gluten fonctionnera bien 1/4 tasse d'oignon finement haché

2 cuillères à soupe de persil haché

2 gousses d'ail hachées

se lever et partir 1 petit citron environ 1 cuillère à café 2 œufs

3/4 tasse de fromage pecorino romano ou parmesan râpé 1 cuillère à café de vrai sel

1/2 cuillère à café de poivre noir moulu

1 litre de sauce marinara cinq minutes

4-6 onces de mozzarella croustillante

Adresses :

1. Préchauffez le four à 400 degrés en plaçant la grille dans le tiers supérieur des grils. Dans un grand bol, mélanger le tout sauf la marinara et la mozzarella. Mélangez délicatement avec vos mains ou une grande cuillère. Prélevez et formez de petites boulettes de viande et placez-les sur une

plaque à pâtisserie tapissée de papier d'aluminium. Placez les boulettes de viande très proches les unes des autres sur l'assiette afin qu'elles s'emboîtent. Verser environ une demi-cuillère à soupe de sauce sur chaque boulette de viande. Chauffer pendant 15 minutes.

2. Retirer les boulettes de viande du four et augmenter la température du gril pour cuire. Verser une demi-cuillère à soupe supplémentaire de sauce sur chaque boulette de viande et garnir d'un petit carré de mozzarella. (J'ai coupé les morceaux légers en morceaux d'environ 1 pouce.) Griller encore 3 minutes jusqu'à ce que le cheddar soit tendre et brillant. Sauce supplémentaire sur le dessus. Apprécié !

Ingrédients des boulettes de viande Alla Parmigiana :

Pour les boulettes de viande

1,5 livre de hamburger haché (80/20)

2 cuillères à soupe de persil frais, haché

3/4 tasse de fromage cheddar parmesan râpé

1/2 tasse de farine d'amande

2 oeufs

1 cuillère à café de sel

1/4 cuillère à café de poivre noir moulu

1/4 cuillère à café d'ail en poudre

1 cuillère à café de gouttes d'oignons séchés

1/4 cuillère à café d'origan séché

1/2 tasse d'eau tiède

À Parmigiana

1 tasse de sauce marinara céto nature (ou toute sauce marinara non sucrée achetée localement)

4 onces de fromage cheddar mozzarella

Adresses :

1. Combinez toutes les boulettes de viande dans un grand bol et mélangez bien.

2. Former quinze boulettes de viande de 2 pouces.

3. Cuire à 350 degrés (F) pendant 20 minutes OU frire dans une grande poêle à feu moyen jusqu'à cuisson complète. Astuce d'as : essayez de faire frire dans de l'huile de bacon si vous en avez, cela ajoute un autre degré de saveur. La fricasse crée les nuances claires et sombres qui apparaissent sur les photos ci-dessus.

4. Parmigiana :

5. Disposez les boulettes de viande cuites dans un plat adapté à la cuisson sur la cuisinière.

6. Versez environ 1 cuillère à soupe de sauce sur chaque boulette de viande.

7. Garnir d'environ 1/4 once de fromage mozzarella cheddar.

8. Cuire à 350 degrés (F) pendant 20 minutes (40 minutes si les boulettes de viande sont prises) ou jusqu'à ce que le fromage cheddar soit chaud.

9. Garnir de persil frais si désiré.

Pain de poitrine de dinde aux légumes cuits au four

Portions : 4

Temps de cuisson : 45 minutes

Ingrédients:

2 cuillères à soupe de beurre non salé, température ambiante 1 gland de citrouille moyen, épépiné et finement tranché 2 grosses betteraves dorées, pelées et finement tranchées ½ oignon jaune moyen, finement tranché

½ poitrine de dinde désossée et sans peau (1 à 2 livres) 2 cuillères à soupe de miel

1 cuillère à café de sel

1 cuillère à café de curcuma

¼ cuillère à café de poivre noir fraîchement moulu

1 tasse de bouillon de poulet ou de légumes

Adresses :

1. Préchauffer le four à 400 ° F. Graisser une plaque à pâtisserie avec du beurre.

2. Disposez la citrouille, les betteraves et les oignons en une seule couche sur une plaque à pâtisserie. Placer la dinde côté peau vers le haut. Arroser de miel.

Assaisonner de sel, de curcuma et de poivre et verser le bouillon.

3. Cuire au four jusqu'à ce que la dinde enregistre une température de 165°F à l'intérieur avec un thermomètre à lecture instantanée, 35 à 45 minutes. Retirer et réserver 5 minutes.

4. Trancher et servir.

Information nutritionnelle:Calories 383 Lipides totaux : 15 g Glucides totaux : 25 g Sucres : 13 g Fibres : 3 g Protéines : 37 g Sodium : 748 mg

Porc crémeux et tomates Portions : 4

Temps de cuisson : 35 minutes

Ingrédients:

2 livres de ragoût de porc, coupé en dés

2 cuillères à soupe d'huile d'avocat

1 tasse de tomates en dés

1 tasse de crème de noix de coco

1 cuillère à soupe de menthe moulue

1 piment jalapeno, haché

Une pincée de sel marin et de poivre noir.

1 cuillère à soupe de piment

2 cuillères à soupe de jus de citron

Adresses :

1. Faites chauffer une poêle avec de l'huile à feu moyen, ajoutez la viande et faites revenir pendant 5 minutes.

2. Ajouter le reste des ingrédients, remuer, cuire à feu moyen encore 30 minutes, dresser sur des assiettes et servir.

Information nutritionnelle: Calories 230, Lipides 4, Fibres 6, Glucides 9, Protéines 14

Portions de filet de citronportions: 2

Temps de cuisson : 25 minutes

Ingrédients:

¼ cuillère à café d'épices za'atar

Le zeste de 1 citron

½ cuillère à café de thym séché

¼ cuillère à café d'ail en poudre

¼ cuillère à café de sel

1 cuillère à soupe d'huile d'olive

1 (8 oz / 227 g) filet de porc, peau sur une échardeAdresses :

1. Préchauffer le four à 425ºF (220ºC).

2. Mélanger le za'atar, le zeste de citron, le thym, la poudre d'ail et le sel dans un bol, puis frotter le mélange des deux côtés du filet de porc.

3. Faites chauffer l'huile d'olive dans une casserole à feu moyen jusqu'à ce qu'elle scintille.

4. Ajouter le filet de porc et faire revenir pendant 6 minutes ou jusqu'à ce qu'il soit doré.

Retourner le porc à mi-cuisson.

5. Placer la plaque dans le four préchauffé et cuire pendant 15 minutes ou jusqu'à ce qu'un thermomètre à lecture instantanée inséré dans la partie la plus épaisse du filet indique au moins 145 ºF (63 ºC).

6. Transférer le filet cuit dans une grande assiette et laisser refroidir quelques minutes avant de servir.

Information nutritionnelle:calories : 184 ; matières grasses : 10,8 g ; glucides : 1,2 g ; fibre : 0g ; protéines : 20,1 g ; sodium : 358 mg

Poulet au brocoli Portions : 4

Ingrédients:

1 petit oignon blanc haché

1½ tasse de bouillon de poulet faible en gras et en sodium

poivre noir fraîchement moulu

2 C. de brocoli haché

1 livre de cuisses de poulet coupées en dés, sans peau et désossées 2 gousses d'ail, hachées

Adresses :

1. Dans la mijoteuse, ajouter tous les ingrédients et bien mélanger.

2. Mettez la mijoteuse à feu doux.

3. Couvrir et cuire pendant 4-5 heures.

4. Servir chaud.

Information nutritionnelle:Calories : 300, Lipides : 9 g, Glucides : 19 g, Protéines : 31 g, Sucres : 6 g, Sodium : 200 mg

Portions de filet de poulet croustillant : 4

Temps de cuisson : 15 minutes

Ingrédients:

1 œuf battu

8 filets de poulet

2 cuillères à soupe d'huile d'avocat

½ tasse de chapelure

Adresses :

1. Préchauffez la friteuse à 350 degrés F.

2. Trempez le poulet dans l'œuf.

3. Mélanger l'huile et la chapelure.

4. Enrober le poulet de ce mélange.

5. Ajouter au chariot de la friteuse.

6. Cuire pendant 15 minutes.

Longe de porc aux champignons et concombres

Portions : 4

Temps de cuisson : 25 minutes

Ingrédients:

2 cuillères à soupe d'huile d'olive

½ cuillère à café d'origan séché

4 côtelettes de porc

2 gousses d'ail hachées

Jus de 1 citron vert

¼ tasse de coriandre hachée

Une pincée de sel marin et de poivre noir.

1 tasse de champignons blancs, coupés en deux

2 cuillères à soupe de vinaigre balsamique

Adresses :

1. Faites chauffer une poêle avec de l'huile à feu moyen, ajoutez les côtelettes de porc et faites revenir 2 minutes de chaque côté.

2. Ajouter le reste des ingrédients, mélanger, cuire à feu moyen pendant 20 minutes, répartir sur des assiettes et servir.

<u>Information nutritionnelle:</u>Calories 220, Lipides 6, Fibres 8, Glucides 14,2, Protéines 20

portions de cuisses de pouletportions: 4

Ingrédients:

¼ tasse d'oignon haché

1 paquet de nouilles Chow Mein cuites

poivre fraîchement moulu

2 boîtes de crème de champignons

1 ¼ po de céleri tranché

1 C. de noix de cajou

2 C. poulet cuit, coupé en dés

½ tasse d'eau

Adresses :

1. Préchauffer le four à 375°F.

2. Versez les deux boîtes de crème de champignons et d'eau dans une casserole résistante à la chaleur. Remuer pour combiner.

3. Ajouter le poulet cuit coupé en dés, les oignons, le céleri, les poivrons et les noix de cajou à la soupe. Remuer jusqu'à ce que le tout soit combiné.

Ajouter la moitié des nouilles au mélange, remuer jusqu'à ce qu'elles soient enrobées.

4. Couvrir la cocotte avec le reste des pâtes.

5. Placez la casserole au four. Cuire au four pendant 25 minutes.

6. Servir immédiatement.

<u>Information nutritionnelle:</u>Calories : 201, Lipides : 17 g, Glucides : 15 g, Protéines : 13 g, Sucres : 7 g, Sodium : 10 mg

Portions de poulet grillé balsamique : 4

Ingrédients:

1 cuillère à soupe. romarin frais haché

1 gousse d'ail hachée

Poivre noir

1 cuillère à soupe. huile d'olive

1 cuillère à café de cassonade

6 brins de romarin

1 poulet entier

½ tasse de vinaigre balsamique

Adresses :

1. Mélanger l'ail, le romarin haché, le poivre noir et l'huile d'olive.

Frotter le poulet avec le mélange d'huile d'olive aux herbes.

2. Mettez 3 brins de romarin à l'intérieur du poulet.

3. Placer le poulet sur une plaque à pâtisserie et cuire à 400 F pendant environ 1 heure. 30 minutes.

4. Lorsque le poulet est doré et que le jus est clair, transférez-le dans un plat.

5. Dans une casserole, dissoudre le sucre dans le vinaigre balsamique à feu doux.

Ne cuisinez pas.

6. Trancher le poulet et verser dessus le mélange de vinaigre.

Information nutritionnelle:Calories : 587, Lipides : 37,8 g, Glucides : 2,5 g, Protéines : 54,1

g, Sucres : 0 g, Sodium : 600 mg

Portions de steaks et champignonsportions: 4

Temps de cuisson : 15 minutes

Ingrédients:

2 cuillères à soupe d'huile d'olive

8 onces de champignons, tranchés

½ cuillère à café d'ail en poudre

1 livre de steak, coupé en dés

1 cuillère à thé (5 ml) de sauce Worcestershire

Poivre à goûter

Adresses :

1. Préchauffez la friteuse à 400 degrés F.

2. Combiner tous les ingrédients dans un bol.

3. Transférer dans le panier de la friteuse.

4. Cuire 15 minutes en secouant le panier deux fois.

Portions de viande Nombre de portions : 4

Temps de cuisson : 12 minutes

Ingrédients:

2 cuillères à café de poudre d'oignon

1 cuillère à café d'ail en poudre

2 cuillères à café de romarin haché

1 cuillère à café de paprika

2 cuillères à soupe d'aminos de noix de coco à faible teneur en sodium

Poivre à goûter

1 livre de steak, coupé en lanières

Adresses :

1. Mélanger toutes les épices et assaisonnements dans un bol.

2. Ajouter les lanières de bifteck.

3. Laisser mariner 10 minutes.

4. Ajouter au panier de la friteuse.

5. Cuire à 380 degrés F pendant 12 minutes en remuant une ou deux fois à mi-cuisson.

Portions de poulet aux pêchesportions: 4-5

Ingrédients:

2 gousses d'ail hachées

¼ tasse de vinaigre balsamique

4 pêches tranchées

4 poitrines de poulet désossées et sans peau

¼ tasse de basilic haché

1 cuillère à soupe. huile d'olive

1 échalote hachée

¼ cuillère à café de poivre noir

Adresses :

1. Faire chauffer l'huile dans une casserole à feu moyen.

2. Ajouter la viande et assaisonner de poivre noir; Cuire 8 minutes de chaque côté et réserver dans une assiette.

3. Dans la même poêle, ajouter les échalotes et l'ail; remuer et cuire 2 minutes.

4. Ajouter les pêches; mélanger et cuire encore 4-5 minutes.

5. Ajouter le vinaigre, le poulet bouilli et le basilic; Remuer et cuire à couvert encore 3-4 minutes.

6. Servir chaud.

<u>Information nutritionnelle</u>:Calories : 270, Lipides : 0 g, Glucides : 6,6 g, Protéines : 1,5 g, Sucres : 24 g, Sodium : 87 mg

Portions de porc haché

portions: 4

Temps de cuisson : 15 minutes

Ingrédients:

2 gousses d'ail hachées

2 piments rouges hachés

2 cuillères à soupe d'huile d'olive

2 livres de ragoût de porc haché

1 poivron rouge haché

1 poivron vert haché

1 tomate en dés

½ tasse de champignons, coupés en deux

Une pincée de sel marin et de poivre noir.

1 cuillère à soupe de basilic haché

2 cuillères à soupe d'acides aminés de noix de coco

Adresses :

1. Faites chauffer une poêle avec de l'huile à feu moyen, ajoutez l'ail, les piments, le paprika, la tomate et les champignons, faites revenir pendant 5 minutes.

2. Ajouter la viande et les autres ingrédients, mélanger, cuire à feu moyen encore 10 minutes, dresser sur des assiettes et servir.

Information nutritionnelle:Calories 200, Lipides 3, Fibres 5, Glucides 7, Protéines 17

Porc au persil et artichauts Portions : 4

Temps de cuisson : 35 minutes

Ingrédients:

2 cuillères à soupe de vinaigre balsamique

1 tasse de cœurs d'artichauts en conserve, égouttés et coupés en quatre 2 cuillères à soupe d'huile d'olive

2 livres de ragoût de porc, coupé en dés

2 cuillères à soupe de persil haché

1 cuillère à café de cumin, moulu

1 cuillère à café de poudre de curcuma

2 gousses d'ail hachées

Une pincée de sel marin et de poivre noir.

Adresses :

1. Faites chauffer une poêle avec de l'huile à feu moyen, ajoutez la viande et faites revenir pendant 5 minutes.

2. Ajouter les artichauts, le vinaigre et les autres ingrédients, mélanger, cuire à feu moyen pendant 30 minutes, disposer sur des assiettes et servir.

<u>Information nutritionnelle:</u>Calories 260, lipides 5, fibres 4, glucides 11, protéines 20

Porc aux patates douces et au thym Portions : 4

Temps de cuisson : 35 minutes

Ingrédients:

2 patates douces, pelées et coupées en quartiers 4 côtelettes de porc

3 ciboulette ciselée

1 cuillère à soupe de thym haché

2 cuillères à soupe d'huile d'olive

4 gousses d'ail, hachées

Une pincée de sel marin et de poivre noir.

½ tasse de bouillon de légumes

½ cuillère à soupe de ciboulette hachée

Adresses :

1. Dans une rôtissoire, combiner les côtelettes de porc avec les pommes de terre et les autres ingrédients, mélanger délicatement et cuire à 390 degrés F pendant 35

minutes.

2. Répartissez le tout dans des assiettes et servez.

Information nutritionnelle:Calories 210, Lipides 12,2, Fibres 5,2, Glucides 12, Protéines 10

Curry de Porc Mixte Portions : 4

Temps de cuisson : 30 minutes

Ingrédients:

2 cuillères à soupe d'huile d'olive

4 ciboulette ciselée

2 gousses d'ail hachées

2 livres de ragoût de porc, coupé en dés

2 cuillères à soupe de pâte de curry rouge

1 cuillère à café de pâte de piment

2 cuillères à soupe de vinaigre balsamique

¼ tasse de bouillon de légumes

¼ tasse de persil haché

Adresses :

1. Faites chauffer une poêle avec de l'huile à feu moyen, ajoutez les oignons nouveaux et l'ail et faites revenir pendant 5 minutes.

2. Ajouter la viande et cuire encore 5 minutes.

3. Ajouter le reste des ingrédients, mélanger, cuire à feu moyen pendant 20 minutes, répartir sur des assiettes et servir.

Information nutritionnelle: Calories 220, Lipides 3, Fibres 4, Glucides 7, Protéines 12

Poulet frit et brocoli Portions : 4

Temps de cuisson : 10 minutes

Ingrédients:

3 cuillères à soupe d'huile d'olive extra vierge

1½ tasse de bouquets de brocoli

1½ lb (680 g) de poitrines de poulet désossées et sans peau, coupées en bouchées

½ oignon haché

½ cuillère à café de sel de mer

⅛ cuillère à café de poivre noir fraîchement moulu

3 gousses d'ail, hachées

2 tasses de riz brun cuit

Adresses :

1. Chauffer l'huile d'olive dans une grande poêle antiadhésive à feu moyen jusqu'à ce qu'elle frémisse.

2. Ajouter le brocoli, le poulet et l'oignon dans la poêle et bien mélanger.

Assaisonner de sel marin et de poivre noir.

3. Frire environ 8 minutes ou jusqu'à ce que le poulet soit doré et bien cuit.

4. Ajouter l'ail et cuire pendant 30 secondes, en remuant constamment, jusqu'à ce que l'ail commence à sentir.

5. Retirer du feu dans une assiette et servir avec du riz brun cuit.

<u>Information nutritionnelle:</u>calories : 344 ; matières grasses : 14,1 g ; protéines : 14,1 g ; glucides : 40,9 g ; fibres : 3,2 g ; sucre : 1,2 g ; sodium : 275 mg

Portions de poulet et de brocoliportions: 4

Ingrédients:

2 gousses d'ail hachées

4 poitrines de poulet désossées et sans peau

½ tasse de crème de noix de coco

1 cuillère à soupe. origan haché

2 C. bouquets de brocoli

1 cuillère à soupe. huile d'olive bio

1 C. oignon rouge haché

Adresses :

1. Faites chauffer une poêle avec de l'huile à feu moyen, ajoutez les poitrines de poulet et faites-les revenir 5 minutes de chaque côté.

2. Ajouter l'oignon et l'ail, mélanger et cuire encore 5 minutes.

3. Ajouter l'origan, le brocoli et la crème, mélanger le tout, cuire encore 10 minutes, dresser sur des assiettes et servir.

4. Profitez-en !

Information nutritionnelle:Calories : 287, Lipides : 10 g, Glucides : 14 g, Protéines : 19 g, Sucres : 10 g, Sodium : 1106 mg

Poulet rôti méditerranéen aux légumes

Portions : 4

Temps de cuisson : 20 minutes

Ingrédients:

4 (113 g) poitrines de poulet désossées et sans peau 2 cuillères à soupe d'huile d'avocat

1 tasse de champignons cremini tranchés

1 tasse d'épinards frais hachés emballés

1 litre de tomates cerises, coupées en deux

½ tasse de basilic frais haché

½ oignon rouge, tranché finement

4 gousses d'ail, hachées

2 cuillères à café de vinaigre balsamique

Adresses :

1. Préchauffer le four à 400 ºF (205 ºC).

2. Placer la poitrine de poulet dans un grand plat allant au four et badigeonner généreusement d'huile d'avocat.

3. Combiner les champignons, les épinards, les tomates, le basilic, l'oignon rouge, les clous de girofle et le vinaigre dans un bol moyen et mélanger. Badigeonner chaque poitrine de poulet avec ¼ du mélange de légumes.

4. Cuire au four préchauffé environ 20 minutes ou jusqu'à ce que la température interne atteigne au moins 165 ºF (74 ºC) et que le jus à la fourchette soit clair.

5. Laisser reposer le poulet 5 à 10 minutes avant de le découper pour servir.

Information nutritionnelle:calories : 220 ; matières grasses : 9,1 g ; protéines : 28,2 g ; glucides : 6,9 g ; fibre : 2,1 g ; sucre : 6,7 g ; sodium : 310 mg

Rouleaux de poulet Hidden Valley Portions : 6-8

Ingrédients:

2 cuillères à soupe de sauce piquante

½ tasse de beurre fondu

Branches de céleri

2 sachets de mélange de vinaigrette sèche Hidden Valley

3 cuillères à soupe de vinaigre

12 cuisses de poulet

Poivre

Adresses :

1. Préchauffer le four à 350°F.

2. Rincez et séchez le poulet.

3. Dans un bol, mélanger la vinaigrette sèche, le beurre fondu, le vinaigre et la sauce piquante. Remuer jusqu'à ce que le tout soit combiné.

4. Mettez les cuisses dans un grand sac plastique, versez la sauce dessus. Frotter dans la sauce jusqu'à ce que les jambes soient couvertes.

5. Disposez le poulet en une seule couche dans le plat allant au four. Saupoudrer de paprika.

6. Cuire 30 minutes en retournant à mi-cuisson.

7. Servir avec des crudités ou une salade.

<u>Information nutritionnelle:</u>Calories : 155 Lipides : 18 g Glucides : 96 g Protéines : 15 g Sucres : 0,7 g Sodium : 340 mg

Portions de poulet et haricots balsamiques : 4

Ingrédients:

1 livre de haricots verts frais coupés en dés

¼ tasse de vinaigre balsamique

2 échalotes tranchées

2 cuillères à soupe de flocons de piment rouge

4 poitrines de poulet désossées et sans peau

2 gousses d'ail hachées

3 cuillères à soupe d'huile d'olive extra vierge

Adresses :

1. Mélangez 2 cuillères à soupe d'huile d'olive avec du vinaigre balsamique, de l'ail et des échalotes. Verser sur les poitrines de poulet et réfrigérer toute la nuit.

2. Le lendemain, préchauffez le four à 375°F.

3. Retirez le poulet de la marinade et placez-le dans un plat de cuisson peu profond. Jetez le reste de la marinade.

4. Cuire au four pendant 40 minutes.

5. Pendant que le poulet cuit, porter de l'eau à ébullition dans une grande casserole.

6. Mettez les haricots verts dans l'eau et faites bouillir pendant cinq minutes, puis égouttez.

7. Dans une marmite, faites chauffer une cuillère à soupe d'huile d'olive et après rinçage, ajoutez les haricots verts.

8. Mélanger avec les flocons de piment rouge.

<u>Information nutritionnelle:</u>Calories : 433, Lipides : 17,4 g, Glucides : 12,9 g, Protéines : 56,1

g, sucres : 13 g, sodium : 292 mg

Portions de porc italienportions:6

Temps de cuisson : 1 heure

Ingrédients:

2 livres de rôti de porc

3 cuillères à soupe d'huile d'olive

2 cuillères à café d'origan séché

1 cuillère à soupe d'assaisonnement italien

1 cuillère à café de romarin séché

1 cuillère à café de basilic séché

3 gousses d'ail, hachées

¼ tasse de bouillon de légumes

Une pincée de sel et de poivre noir.

Adresses :

1. Sur une plaque à pâtisserie, combiner le rôti de porc avec l'huile, l'origan et d'autres ingrédients, mélanger et cuire au four à 390 degrés F pendant 1 heure.

2. Couper le rôti en tranches, répartir avec le reste des ingrédients sur des assiettes et servir.

Information nutritionnelle:calories 580, lipides 33,6, fibres 0,5, glucides 2,3, protéines 64,9

Poulet et choux de Bruxelles Portions : 4

Ingrédients:

1 pomme sans pépins, pelée et hachée

1 oignon jaune haché

1 cuillère à soupe. huile d'olive bio

3 po de choux de Bruxelles hachés

1 livre de viande de poulet hachée

Poivre noir

Adresses :

1. Faites chauffer une poêle avec de l'huile à feu moyen, ajoutez le poulet, remuez et faites revenir pendant 5 minutes.

2. Ajouter les choux de Bruxelles, l'oignon, le poivre noir et la pomme, mélanger, cuire 10 minutes, répartir dans des bols et servir.

3. Profitez-en !

Information nutritionnelle:Calories : 200, Lipides : 8 g, Glucides : 13 g, Protéines : 9 g, Sucres : 3,3 g, Sodium : 194 mg

Ingrédients pour le sandwich au poulet

1 c. croûtons

1 c. brocoli cuit et coupé en dés

½ tasse d'eau

1 C. de fromage cheddar très fort râpé

½ livre de filets de poulet cuits désossés et sans peau 1 boîte de soupe aux champignons

Adresses :

1. Préchauffer le four à 350°F

2. Faites chauffer la soupe et l'eau dans une grande casserole. Ajouter le poulet, le brocoli et le fromage. Bien mélanger.

3. Verser dans un moule beurré.

4. Placer les croûtons sur le mélange.

5. Cuire au four pendant 30 minutes ou jusqu'à ce que la casserole bouillonne et que les croûtons soient dorés.

Information nutritionnelle:Calories : 380 Lipides : 22 g Glu : 10 g Protéines : 25 g Sucres : 2 g Sodium : 475 mg

morceaux de poulet au parmesanportions: 4

Temps de cuisson : 10 minutes

Ingrédients:

4 filets de poitrine de poulet

2 cuillères à café de poudre d'ail

2 cuillères à café d'assaisonnement italien

Poivre à goûter

¼ tasse de parmesan

½ tasse de chapelure

1 tasse de chapelure

2 oeufs battus

aérosol de cuisson

Adresses :

1. Piler la poitrine de poulet avec un maillet à viande.

2. Assaisonner avec la poudre d'ail, l'assaisonnement italien et le poivre.

3. Mélanger la farine d'amande et le parmesan dans un bol.

4. Ajouter les œufs dans un autre bol.

5. Tremper le filet de poulet dans l'œuf puis dans la farine.

6. Vaporiser d'huile.

7. Mettre dans la friteuse.

8. Cuire à 350 degrés F pendant 10 minutes de chaque côté.

De somptueuses portions de poulet au curry indien

portions:6

Temps de cuisson : 20 minutes

Ingrédients:

2 cuillères à soupe d'huile de noix de coco, divisée

2 (4 oz/113 g) poitrines de poulet désossées et sans peau, coupées en bouchées

2 carottes moyennes, coupées en dés

1 petit oignon blanc, coupé en dés

1 cuillère à soupe de gingembre frais haché

6 gousses d'ail, hachées

1 tasse de pois sucrés, coupés en dés

1 boîte (153 g) de crème de noix de coco non sucrée 1 cuillère à soupe de sauce de poisson non sucrée

1 tasse de bouillon de poulet faible en sodium

½ tasse de tomates en dés avec le jus

1 cuillère à soupe de curry en poudre

¼ cuillère à café de sel de mer

Une pincée de poivre de Cayenne au goût

Poivre noir fraîchement moulu au goût

¼ tasse d'eau filtrée

Adresses :

1. Faites chauffer 1 cuillère à soupe d'huile de noix de coco dans une poêle antiadhésive à feu moyen jusqu'à ce qu'elle fonde.

2. Ajouter les poitrines de poulet à la poêle et cuire pendant 15 minutes ou jusqu'à ce qu'un thermomètre inséré dans la partie la plus épaisse de la poitrine de poulet indique au moins 165ºF (74ºC). Retourner les poitrines de poulet à la moitié du temps de cuisson.

3. Pendant ce temps, dans une poêle séparée, chauffer le reste de l'huile de noix de coco à feu moyen jusqu'à ce qu'il fonde.

4. Ajouter les carottes, les oignons, le gingembre et l'ail dans la poêle et cuire pendant 5 minutes ou jusqu'à ce que les oignons soient parfumés et translucides.

5. Ajouter les pois, la crème de noix de coco, la sauce de poisson, le bouillon de poulet, les tomates, la poudre de curry, le sel, le poivre de Cayenne, le poivre noir et l'eau. Remuer pour bien mélanger.

6. Porter à ébullition. Réduire le feu à moyen-doux, puis laisser mijoter pendant 10 minutes.

7. Ajouter le poulet cuit dans la deuxième poêle puis faire revenir pendant 2 plus de minutes pour une bonne connexion.

8. Versez le curry dans une grande assiette et servez immédiatement.

<u>Information nutritionnelle:</u>calorie : 223 ; matières grasses : 15,7 g ; protéines : 13,4 g ; glucides : 9,4 g

; fibre : 3,0 g ; sucre : 2,3 g ; sodium : 673 mg

Porc à la sauce balsamique à l'oignon Portions : 4

Temps de cuisson : 35 minutes

Ingrédients:

1 oignon jaune haché

4 ciboulette ciselée

2 cuillères à soupe d'huile d'avocat

1 cuillère à soupe de romarin haché

1 cuillère à soupe de zeste de citron râpé

2 livres de rôti de porc, tranché

2 cuillères à soupe de vinaigre balsamique

½ tasse de bouillon de légumes

Une pincée de sel marin et de poivre noir.

Adresses :

1. Faites chauffer une poêle avec de l'huile à feu moyen, ajoutez l'oignon et la ciboulette et faites revenir pendant 5 minutes.

2. Ajouter le reste des ingrédients sauf la viande, mélanger et laisser mijoter 5 minutes.

3. Ajouter la viande, mélanger délicatement, cuire à feu moyen pendant 25 minutes, dresser sur des assiettes et servir.

Information nutritionnelle:Calories 217, Lipides 11, Fibres 1, Glucides 6, Protéines 14

373. Pain de viandePortions : 4

Temps de cuisson : 30 minutes

Ingrédients:

1 livre de bœuf haché maigre

3 cuillères à soupe de chapelure

1 oignon haché

1 cuillère à soupe de thym frais haché

Poudre d'ail au goût

Poivre à goûter

2 champignons hachés

1 cuillère à soupe d'huile d'olive

Adresses :

1. Préchauffez la friteuse à 392 degrés F.

2. Combiner tous les ingrédients dans un bol.

3. Presser le mélange dans un petit moule à pain.

4. Ajoutez la poêle au panier de la friteuse.

5. Cuire pendant 30 minutes.

Porc aux poires et gingembre Portions : 4

Temps de cuisson : 35 minutes

Ingrédients:

2 oignons verts hachés

2 cuillères à soupe d'huile d'avocat

2 livres de rôti de porc, tranché

½ tasse d'acides aminés de noix de coco

1 cuillère à soupe de gingembre moulu

2 poires, épépinées et coupées en quartiers

¼ tasse de bouillon de légumes

1 cuillère à soupe de ciboulette hachée

Adresses :

1. Faites chauffer une poêle avec de l'huile à feu moyen, ajoutez l'oignon et la viande et faites revenir 2 minutes de chaque côté.

2. Ajouter le reste des ingrédients, mélanger délicatement et cuire à 390 degrés F pendant 30 minutes.

3. Répartir le mélange dans des assiettes et servir.

Information nutritionnelle:Calories 220, Lipides 13,3, Fibres 2, Glucides 16,5, Protéines 8

Portions de poulet au beurreportions:6

Ingrédients:

8 gousses d'ail finement hachées

¼ tasse de beurre faible en gras non salé, haché

poivre noir fraîchement moulu

6 onces. cuisses de poulet désossées et sans peau

1 cuillère à café de citron poivre

Adresses :

1. Placer les cuisses de poulet dans la grande mijoteuse.

2. Étalez le beurre uniformément sur les cuisses de poulet.

3. Saupoudrer uniformément l'ail, le poivre citronné et le poivre noir.

4. Mettez la mijoteuse à feu doux.

5. Couvrir et cuire environ 6 heures.

Information nutritionnelle:Calories : 438 Lipides : 28 g Glu : 14 g Protéines : 30 g Sucres : 2 g Sodium : 700 mg

Portions d'ailes de poulet chaudes : 4-5

Ingrédients:

2 cuillères à soupe de miel

½ bâton de margarine

2 cuillères à soupe de poivre de Cayenne

1 bouteille de sauce piquante durkee

10-20 ailes de poulet

10 cocktails sauce Tabasco

Adresses :

1. Faites chauffer l'huile de colza dans une casserole profonde. Frire les ailes jusqu'à ce qu'elles soient cuites, environ 20 minutes.

2. Dans un bol moyen, combiner la sauce piquante, le miel, le tabasco et le piment de Cayenne. Bien mélanger.

3. Placer les ailes frites sur du papier absorbant. Vidanger l'excédent d'huile.

4. Mélanger les ailes de poulet dans la sauce jusqu'à ce qu'elles soient uniformément enrobées.

Information nutritionnelle:Calories : 102, Lipides : 14 g, Glucides : 55 g, Protéines : 23 g, Sucres : 0,3 g, Sodium : 340 mg

Poulet, pâtes et petits pois Portions : 1-2

Ingrédients:

poivre fraîchement moulu

2 ½ tasses de pâtes penne

1 pot standard de sauce tomate et basilic pour pâtes 1 tasse de pois mange-tout, coupés en deux et parés

1 livre de poitrine de poulet

1 cuillère à café d'huile d'olive

Adresses :

1. Faites chauffer l'huile d'olive dans une poêle moyenne. Assaisonner les poitrines de poulet avec du sel et du poivre. Cuire les poitrines de poulet jusqu'à ce qu'elles soient bien cuites, environ 5 à 7 minutes de chaque côté.

2. Cuire les pâtes selon les instructions sur l'emballage. Cuire les petits pois avec les pâtes.

3. Versez 1 tasse d'eau pour pâtes. Égouttez les pâtes et les petits pois, réservez.

4. Une fois le poulet cuit, coupez-le en tranches.

5. Remettez le poulet dans la poêle. Ajouter la sauce pour pâtes. Si le mélange semble sec.

6. Ajouter un peu d'eau pour pâtes jusqu'à obtenir la consistance désirée. chauffer ensemble.

7. Répartir dans des bols et servir aussitôt.

Information nutritionnelle:Calories : 140, Lipides : 17 g, Glucides : 52 g, Protéines : 34 g, Sucres : 2,3 g, Sodium : 400 mg

378. Boulettes de viandePortions : 4

Temps de cuisson : 15 minutes

Ingrédients:

aérosol de cuisson

2 livres de boeuf haché maigre

¼ tasse d'oignon haché

2 gousses d'ail hachées

2 cuillères à soupe de persil haché

Poivre à goûter

½ cuillère à café de flocons de piment rouge

1 cuillère à café d'assaisonnement italien

Adresses :

1. Vaporisez le panier de la friteuse avec de l'huile.

2. Mélangez le reste des ingrédients dans un bol.

3. Former des boulettes de viande à partir de la masse.

4. Ajouter au panier de la friteuse.

5. Cuire 15 minutes en secouant une ou deux fois.

Ailes de poulet aux abricots Portions : 3 - 4

Ingrédients:

1 pot moyen de confiture d'abricot

1 paquet de mélange à soupe aux oignons séchés Lipton

1 bouteille moyenne de sauce russe

2 livres. ailes de poulet

Adresses :

1. Préchauffer le four à 350°F.

2. Rincez et séchez les ailes de poulet.

3. Disposez les ailes de poulet sur la plaque à pâtisserie en une seule couche.

4. Cuire au four de 45 à 60 minutes en retournant à mi-cuisson.

5. Dans un bol moyen, combiner la soupe Lipton, la confiture d'abricot et la sauce russe.

6. Une fois les ailes cuites, mélangez-les avec la sauce jusqu'à ce que les morceaux soient enrobés.

7. Servir immédiatement avec un plat d'accompagnement.

Information nutritionnelle: Calories : 162, Lipides : 17 g, Glucides : 76 g, Protéines : 13 g, Sucres : 24 g, Sodium : 700 mg

Cuisses de poulet Portions : 4

Temps de cuisson : 20 minutes

Ingrédients:

4 filets de cuisse de poulet

2 cuillères à café d'huile d'olive

1 cuillère à café d'ail en poudre

1 cuillère à café de paprika

Poivre à goûter

Adresses :

1. Préchauffez la friteuse à 400 degrés F.

2. Badigeonnez le poulet d'huile.

3. Saupoudrez le poulet des deux côtés avec de la poudre d'ail, du paprika et du poivre.

4. Frire à l'air pendant 20 minutes.

Portions de poulet croustillant : 4

Temps de cuisson : 10 minutes

Ingrédients:

1 livre de filets de poulet

1 cuillère à soupe d'huile d'olive

Terne

¼ tasse de chapelure

1 cuillère à café de paprika

Poivre à goûter

¼ cuillère à café d'ail en poudre

¼ cuillère à café de poudre d'oignon

Une pincée de poivre de cayenne

Adresses :

1. Préchauffez la friteuse à 390 degrés F.

2. Badigeonner le poulet d'huile d'olive.

3. Mélangez les ingrédients de l'enrobage dans un bol.

4. Enrober le poulet de chapelure.

5. Placer dans le panier de la friteuse.

6. Cuire de 3 à 5 minutes.

7. Retourner et cuire encore 3 minutes.

Poches de poulet Champion Portions : 4

Ingrédients:

½ tasse de brocoli haché

2 ronds de pita de blé entier, coupés en deux

¼ tasse de vinaigrette à faible teneur en matières grasses en bouteille ¼ tasse de noix ou de noix hachées

1 ½ tasse de poulet cuit haché

¼ tasse de yogourt nature faible en gras

¼ C. Carotte râpée

Adresses :

1. Dans un petit bol, mélanger le yogourt avec la vinaigrette.

2. Dans un bol moyen, combiner le poulet, le brocoli, les carottes et les noix facultatives. Verser le mélange de yogourt sur le poulet; mélanger pour couvrir.

3. Déposer le mélange de poulet dans les moitiés de pita.

Information nutritionnelle:Calories : 384, Lipides : 11,4 g, Glucides : 7,4 g, Protéines : 59,3 g, sucres : 1,3 g, sodium : 368,7 mg

Poulet grillé Portions : 4

Ingrédients:

1 poivron moyen, coupé en dés

1 cuillère à soupe. huile de canola

1 C. Sauce BBQ épicée, sucrée et épicée Poivre noir fraîchement moulu

1 oignon moyen haché

1 livre de poitrine de poulet désossée et sans peau

3 gousses d'ail, hachées

Adresses :

1. Lavez les poitrines de poulet et séchez-les. Couper en bouchées.

2. Chauffer l'huile dans une grande poêle à feu moyen. Ajouter le poulet, l'oignon, l'ail et le paprika et cuire, en remuant, pendant 5 minutes.

3. Ajouter la sauce barbecue et mélanger. Réduire le feu à moyen-doux et couvrir la casserole. Cuire, en remuant souvent, jusqu'à ce que le poulet soit bien cuit, environ 15 minutes.

4. Retirer du feu. Assaisonner au goût avec du poivre noir fraîchement moulu et servir immédiatement.

Information nutritionnelle:Calories : 191, Lipides : 5 g, Glucides : 8 g, Protéines : 27 g, Sucres : 0 g, Sodium : 480 mg

Portions de mélange de radis au poulet : 4

Ingrédients:

10 radis coupés en deux

1 cuillère à soupe. huile d'olive bio

2 cuillères à soupe de ciboulette hachée

1 C. de bouillon de poulet faible en sodium

4 morceaux de poulet

Poivre noir

Adresses :

1. Faire chauffer la poêle avec toute l'huile à feu moyen, ajouter le poulet, assaisonner de poivre noir et cuire 6 minutes de chaque côté.

2. Ajouter le bouillon et les radis, réduire le feu à moyen et laisser mijoter pendant vingt minutes.

3. Ajouter l'échalote, mélanger, répartir dans des assiettes et servir.

4. Profitez-en !

<u>Information nutritionnelle:</u>Calories : 247, Lipides : 10 g, Glucides : 12 g, Protéines : 22 g, Sucres : 1,1 g, Sodium : 673 mg

Portions de poulet Katsuportions: 4

Temps de cuisson : 20 minutes

Ingrédients:

sauce katsu

2 cuillères à soupe de sauce soja

½ tasse de sauce tomate

1 cuillère à soupe de xérès

1 cuillère à soupe de cassonade

2 cuillères à café de sauce Worcestershire

1 cuillère à café d'ail haché

Poulet

1 livre de filet de poitrine de poulet, tranché

Poivre à goûter

Une pincée d'ail en poudre

1 cuillère à soupe d'huile d'olive

1 ½ tasse de chapelure

aérosol de cuisson

Adresses :

1. Mélanger les ingrédients de la sauce katsu dans un bol. Mettre de côté.

2. Préchauffer la friteuse à 350 degrés F.

3. Assaisonner le poulet de poivre.

4. Enrober le poulet d'huile et de chapelure.

5. Placer dans le panier de la friteuse.

6. Vaporiser d'huile.

7. Frire dans la friteuse pendant 10 minutes de chaque côté.

8. Servir avec la sauce.

Ragoût de poulet et patates douces Portions : 4

Temps de cuisson : 40 minutes

Ingrédients:

1 cuillère à soupe d'huile d'olive extra vierge

2 gousses d'ail, tranchées

1 oignon blanc haché

14 onces (397 g) de tomates hachées

2 cuillères à soupe de feuilles de romarin hachées

Sel de mer et poivre noir moulu au goût

4 cuisses de poulet sans peau

4 patates douces, pelées et coupées en dés

2 cuillères à soupe de feuilles de basilic

Adresses :

1. Préchauffer le four à 375°F (190°C).

2. Faites chauffer l'huile d'olive dans une poêle antiadhésive à feu moyen jusqu'à ce qu'elle scintille.

3. Ajouter l'ail et l'oignon dans la poêle et cuire pendant 5 minutes ou jusqu'à ce que l'oignon soit parfumé et que l'oignon soit translucide.

4. Ajouter les tomates, le romarin, le sel et le poivre noir moulu et cuire pendant 15 minutes jusqu'à ce que le mélange ait légèrement épaissi.

5. Placer les cuisses de poulet et les patates douces sur une plaque à pâtisserie, puis verser le mélange dans la poêle avec le poulet et les patates douces. Remuer pour bien couvrir. Ajouter suffisamment d'eau pour couvrir le poulet et les patates douces.

6. Cuire au four préchauffé pendant 20 minutes ou jusqu'à ce que la température interne du poulet atteigne au moins 165 ºF (74 ºC).

7. Retirer la plaque à pâtisserie du four et verser dans un grand bol. Saupoudrer de basilic et servir.

Information nutritionnelle:calorie : 297 ; matières grasses : 8,7 g ; protéines : 22,2 g ; glucides : 33,1 g

; fibres : 6,5 g ; sucre : 9,3 g ; sodium : 532 mg

Côtes levées au romarin Portions : 4

Temps de cuisson : 2 heures.

Ingrédients:

1½ livre (680 g) de côtes de bœuf désossées

½ cuillère à café d'ail en poudre

1 cuillère à café de sel

½ cuillère à café de poivre noir fraîchement moulu

2 cuillères à soupe d'huile d'olive

2 tasses de bouillon de bœuf à faible teneur en sodium

1 verre de vin rouge

4 brins de romarin

Adresses :

1. Préchauffer le four à 350 ºF (180 ºC).

2. Sur un plan de travail propre, frotter les côtes avec de la poudre d'ail, du sel et du poivre noir. Laisser reposer 10 minutes.

3. Faire chauffer l'huile d'olive dans une cocotte à feu moyen.

4. Ajouter les côtes et faire frire pendant 5 minutes jusqu'à ce qu'elles soient bien dorées.

Couper les côtes en deux. Transférer les côtes levées dans une assiette et réserver.

5. Versez le bouillon de bœuf et le vin rouge dans la casserole. Remuer pour bien mélanger et porter à ébullition. Baisser le feu à doux et cuire 10

minutes jusqu'à ce que le mélange soit réduit aux deux tiers.

6. Remettez les côtes levées dans la poêle. Ajouter des brins de romarin. Placer le couvercle sur la casserole, puis cuire à feu doux dans le four préchauffé pendant 2 heures, jusqu'à ce que la température interne des côtes levées atteigne 165 ºF (74 ºC).

7. Transférer les côtes dans une grande assiette. Jeter les brins de romarin.

Verser le jus de cuisson et servir chaud.

Information nutritionnelle:calories : 731 ; matières grasses : 69,1 g ; glucides : 2,1 g ; fibre : 0g ; protéines : 25,1 g ; sodium : 781 mg

Frittata au poulet, poivrons et épinards

Portions : 8

Ingrédients:

¾ po d'épinards hachés surgelés

¼ cuillère à café d'ail en poudre

¼ tasse d'oignon rouge haché

1 1/3 tasses de poulet cuit haché finement

8 oeufs

poivre noir fraichement moulu

1½ tasse de poivron rouge, haché et épépiné

Adresses :

1. Graisser une grande mijoteuse.

2. Dans un bol, ajouter les œufs, la poudre d'ail et le poivre noir et bien battre.

3. Placer les ingrédients restants dans la mijoteuse préparée.

4. Verser le mélange d'œufs dans le mélange de poulet et mélanger délicatement pour combiner.

5. Couvrir et cuire environ 2-3 heures.

<u>Information nutritionnelle:</u>Calories : 250,9, Lipides : 16,3 g, Glucides : 10,8 g, Protéines : 16,2 g, Sucres : 4 g, Sodium : 486 mg

Dal de poulet grillé Portions : 4

Ingrédients:

15 onces de lentilles rincées

¼ tasse de yogourt nature faible en gras

1 petit oignon haché

4 w. poulet désossé, sans peau, grillé 2 c. poudre de curry

1 ½ cuillère à café d'huile de colza

14 onces de tomates rôties, coupées en dés

¼ cuillère à café de sel

Adresses :

1. Faites chauffer l'huile dans une grande casserole à fond épais à feu moyen.

2. Ajouter l'oignon et cuire, en remuant, jusqu'à ce qu'il soit ramolli mais pas doré, 3 à 4 minutes.

3. Ajouter la poudre de curry et cuire, en remuant, jusqu'à ce qu'il soit combiné avec l'oignon et l'arôme intense, 20 à 30 secondes.

4. Ajouter les lentilles, les tomates, le poulet et le sel et cuire, en remuant souvent, jusqu'à ce que le tout soit bien chaud.

5. Retirer du feu et ajouter le yogourt. Sers immédiatement.

Information nutritionnelle:Calories : 307, Lipides : 6 g, Glucides : 30 g, Protéines : 35 g, Sucres : 0,1 g, Sodium : 361 mg

Portions de taquitos au poulet : 6

Temps de cuisson : 20 minutes

Ingrédients:

1 cuillère à café d'huile végétale

1 oignon haché

2 cuillères à soupe de piment vert haché

1 gousse d'ail hachée

1 tasse de poulet cuit

2 cuillères à soupe de sauce piquante

½ tasse de mélange de fromage à faible teneur en sodium

Poivre à goûter

Tortillas de maïs, chaudes

aérosol de cuisson

Adresses :

1. Verser dans la poêle à feu moyen.

2. Cuire l'oignon, le piment vert et l'ail pendant 5 minutes en remuant fréquemment.

3. Ajouter le reste des ingrédients sauf la tortilla.

4. Cuire 3 minutes.

5. Ajouter le mélange de tortillas.

6. Rouler les tortillas.

7. Préchauffez la friteuse à 400 degrés F.

8. Placer dans le panier de la friteuse.

9. Cuire pendant 10 minutes.

dix..

Portions de porc à l'origan

portions: 4

Temps de cuisson : 8 heures.

Ingrédients:

2 livres de rôti de porc, tranché

2 cuillères à soupe d'origan haché

¼ tasse de vinaigre balsamique

1 tasse de pâte de tomate

1 cuillère à soupe de paprika doux

1 cuillère à café de poudre d'oignon

2 cuillères à soupe de piment en poudre

2 gousses d'ail hachées

Une pincée de sel et de poivre noir.

Adresses :

1. Dans la mijoteuse, combiner le rôti, l'origan, le vinaigre et le reste des ingrédients, mélanger, couvrir et laisser mijoter pendant 8 heures.

2. Répartissez le tout dans des assiettes et servez.

<u>Information nutritionnelle:</u>Calories 300, Lipides 5, Fibres 2, Glucides 12, Protéines 24

Poulet au four avec avocat Portions : 4

Ingrédients:

2 tiges d'oignon vert coupées en fines tranches

purée d'avocat

170 g de yogourt grec faible en gras

1¼ g de sel

4 poitrines de poulet

15g d'épices noircies

Adresses :

1. Commencez par placer les poitrines de poulet dans un sac en plastique refermable avec l'assaisonnement noirci. Fermer et secouer, puis laisser mariner environ 2 à 5 minutes.

2. Pendant que votre poulet marine, mettez le yogourt grec, la purée d'avocat et le sel dans un mélangeur et mixez jusqu'à consistance lisse.

3. Placez une grande poêle ou une poêle en fonte sur la cuisinière à feu moyen, graissez la poêle et faites frire le poulet jusqu'à ce qu'il soit bien cuit. Il vous faudra environ 5 minutes de chaque côté. Cependant, essayez

de ne pas laisser sécher le jus et immédiatement après la cuisson de la viande, mettez-la dans une assiette.

4. Verser sur le mélange de yaourt.

Information nutritionnelle : Calories : 296, Lipides : 13,5 g, Glucides : 6,6 g, Protéines : 35,37

g, sucres : 0,8 g, sodium : 173 mg

Magret de canard rôti aux cinq saveurs

Portions : 4

Ingrédients:

1 cuillère à café de cinq épices en poudre

¼ cuillère à café de fécule de maïs

2 jus et zeste d'orange

1 cuillère à soupe. sauce soja faible en sodium

2 livres. magret de canard désossé

½ cuillère à café de sel casher

2 cuillères à café de miel

Adresses :

1. Préchauffer le four à 375°F.

2. Placer le canard côté peau sur une planche à découper. Coupez tout excès de peau qui pend sur les côtés. Retourner et faire trois coupes diagonales parallèles dans la peau de chaque poitrine, en coupant à travers la graisse mais pas la viande. Saupoudrer les deux côtés de cinq épices en poudre et de sel.

3. Placer le canard côté peau dans une poêle à feu moyen.

4. Cuire jusqu'à ce que le gras soit fondu et que la peau soit dorée, environ 10 minutes. Transférer le canard dans une assiette; égoutter tout le gras de la poêle. Remettre le canard dans la poêle côté peau vers le haut et enfourner.

5. Griller le canard 10 à 15 minutes à feu moyen, selon la grosseur des poitrines, jusqu'à ce qu'un thermomètre inséré dans la partie la plus épaisse indique 150°F.

6. Transférer sur une planche à découper; Laisser reposer 5 minutes.

7. Grattez le gras restant dans la poêle (attention, la poignée sera encore chaude); Placer la casserole sur feu moyen et ajouter le jus d'orange et le miel. Porter à ébullition en remuant pour racler les morceaux dorés.

8. Ajouter le zeste d'orange et la sauce soya et poursuivre la cuisson jusqu'à ce que la sauce réduise légèrement, environ 1 minute. Incorporer le mélange de fécule de maïs, puis mélanger avec la sauce; cuire, en remuant, jusqu'à léger épaississement, 1

minute.

9. Retirer la peau du canard et trancher finement le magret. Arroser de sauce à l'orange.

Information nutritionnelle: Calories : 152, Lipides : 2 g, Glucides : 8 g, Protéines : 24 g, Sucres : 5 g, Sodium : 309 mg

Côtelettes de porc à la sauce tomate Portions : 4

Temps de cuisson : 15 minutes

Ingrédients:

4 côtelettes de porc

1 cuillère à soupe d'huile d'olive

4 ciboulette ciselée

1 cuillère à café de cumin, moulu

½ cuillère à soupe de paprika fort

1 cuillère à café d'ail en poudre

Une pincée de sel marin et de poivre noir.

1 petit oignon rouge, haché

2 tomates, coupées en dés

2 cuillères à soupe de jus de citron

1 piment jalapeno haché

¼ tasse de coriandre hachée

1 cuillère à soupe de jus de citron

Adresses :

1. Faites chauffer une poêle avec de l'huile à feu moyen, ajoutez les oignons nouveaux et faites revenir pendant 5 minutes.

2. Ajouter la viande, le poivre de cumin, la poudre d'ail, le sel et le poivre, mélanger, faire revenir 5 minutes de chaque côté et mettre dans des assiettes.

3. Dans un bol, combiner les tomates avec le reste des ingrédients, mélanger, répartir avec les côtelettes de porc et servir.

Information nutritionnelle:calories 313, lipides 23,7, fibres 1,7, glucides 5,9, protéines 19,2

Poulet toscan aux tomates, olives et courgettes

Portions : 4

Temps de cuisson : 20 minutes

Ingrédients:

4 moitiés de poitrine de poulet désossée et sans peau, pilée à ½ à ¾ de pouce d'épaisseur

1 cuillère à café d'ail en poudre

½ cuillère à café de sel de mer

⅛ cuillère à café de poivre noir fraîchement moulu

2 cuillères à soupe d'huile d'olive extra vierge

2 tasses de tomates cerises

½ tasse d'olives vertes hachées

1 courgette tranchée

¼ tasse de vin blanc sec

Adresses :

1. Sur un plan de travail propre, frottez les poitrines de poulet avec de la poudre d'ail, du sel et du poivre noir moulu.

2. Faites chauffer l'huile d'olive dans une poêle antiadhésive à feu moyen jusqu'à ce qu'elle scintille.

3. Ajouter le poulet et cuire 16 minutes ou jusqu'à ce que la température interne atteigne au moins 165 ºF (74 ºC). Retourner le poulet à mi-cuisson. Transférer dans une grande assiette et couvrir de papier d'aluminium pour les garder au chaud.

4. Ajouter les tomates, les olives et les courgettes dans la poêle et cuire 4 minutes jusqu'à ce que les légumes soient tendres.

5. Ajouter le vin blanc dans la casserole et laisser mijoter 1 minute.

6. Retirez le papier d'aluminium et recouvrez le poulet de légumes et de leur jus, puis servez chaud.

<u>Information nutritionnelle:</u>calories : 172 ; matières grasses : 11,1 g ; protéines : 8,2 g ; glucides : 7,9 g ; fibre : 2,1 g ; sucre : 4,2 g ; sodium : 742 mg

Portions de salade de porcportions: 4

Temps de cuisson : 10 minutes

Ingrédients:

1 livre de porc à ragoût, coupé en lanières

3 cuillères à soupe d'huile d'olive

4 ciboulette ciselée

2 cuillères à soupe de jus de citron

2 cuillères à soupe de vinaigre balsamique

2 tasses de mélange à salade

1 avocat, pelé, dénoyauté et coupé en dés environ 1 concombre, tranché

2 tomates, coupées en dés

Une pincée de sel et de poivre noir.

Adresses :

1. Faites chauffer une poêle avec 2 cuillères à soupe d'huile à feu moyen, ajoutez les oignons nouveaux, la viande et le jus de citron, mélangez et faites revenir pendant 10

minutes.

2. Dans un saladier, combiner la laitue avec la viande et les autres ingrédients, mélanger et servir.

Information nutritionnelle:Calories 225, Lipides 6,4, Fibres 4, Glucides 8, Protéines 11

Portions de porc et haricots vertsportions: 4

Temps de cuisson : 40 minutes

Ingrédients:

2 livres de ragoût de porc, coupé en dés

2 cuillères à soupe d'huile d'avocat

½ tasse de haricots verts, parés et coupés en deux

2 cuillères à soupe de jus de citron

1 tasse de lait de coco

1 cuillère à soupe de romarin haché

Une pincée de sel et de poivre noir.

Adresses :

1. Faites chauffer une poêle avec de l'huile à feu moyen, ajoutez la viande et faites revenir pendant 5 minutes.

2. Ajouter le reste des ingrédients, mélanger délicatement, porter à ébullition et cuire à feu moyen pendant encore 35 minutes.

3. Répartir le mélange dans des assiettes et servir.

Information nutritionnelle:Calories 260, Lipides 5, Fibres 8, Glucides 9, Protéines 13

Portions de poitrine de pouletportions: 4

Temps de cuisson : 20 minutes

Ingrédients:

4 filets de poitrine de poulet

½ cuillère à café d'origan séché

½ cuillère à café d'ail en poudre

Poivre à goûter

aérosol de cuisson

Adresses :

1. Assaisonnez le poulet avec de l'origan, de la poudre d'ail et du poivre.

2. Vaporiser d'huile.

3. Placer dans le panier de la friteuse.

4. Frire à l'air à 360 degrés F pendant 10 minutes de chaque côté.

Porc aux courgettes chili et tomates Portions : 4

Temps de cuisson : 35 minutes

Ingrédients:

2 tomates, coupées en dés

2 livres de ragoût de porc, coupé en dés

4 ciboulette ciselée

2 cuillères à soupe d'huile d'olive

1 courgette, tranchée

Jus de 1 citron vert

2 cuillères à soupe de piment en poudre

½ cuillère à soupe de cumin en poudre

Une pincée de sel marin et de poivre noir.

Adresses :

1. Faites chauffer une poêle avec de l'huile à feu moyen, ajoutez les oignons nouveaux et faites revenir pendant 5 minutes.

2. Ajouter la viande et cuire encore 5 minutes.

3. Ajouter les tomates et les autres ingrédients, mélanger, cuire à feu moyen encore 25 minutes, répartir sur des assiettes et servir.

<u>Information nutritionnelle:</u>Calories 300, Lipides 5, Fibres 2, Glucides 12, Protéines 14

Porc aux olives Portions : 4

Temps de cuisson : 40 minutes

Ingrédients:

1 oignon jaune haché

4 côtelettes de porc

2 cuillères à soupe d'huile d'olive

1 cuillère à soupe de paprika doux

2 cuillères à soupe de vinaigre balsamique

¼ tasse d'olives kalamata, dénoyautées et hachées

1 cuillère à soupe de coriandre hachée

Une pincée de sel marin et de poivre noir.

Adresses :

1. Faites chauffer une poêle avec de l'huile à feu moyen, ajoutez l'oignon et faites revenir pendant 5 minutes.

2. Ajouter la viande et cuire encore 5 minutes.

3. Ajouter le reste des ingrédients, mélanger, cuire à feu moyen pendant 30 minutes, répartir sur des assiettes et servir.

Information nutritionnelle: Calories 280, Lipides 11, Fibres 6, Glucides 10, Protéines 21

Pâté au saumon et à l'aneth

Portions : 4

Temps de cuisson : 0 minute

Ingrédients:

six onces de saumon cuit, les os et la peau retirés 1 cuillère à soupe d'aneth frais haché

½ cuillère à café de sel de mer

¼ tasse de crème épaisse (pour fouetter)

Adresses :

1. Prenez un mélangeur ou un robot culinaire (ou un grand bol avec un mélangeur à la place), mélangez le zeste de citron, le saumon, la crème épaisse, l'aneth et le sel.

2. Mixez jusqu'à obtenir la bonne consistance de smoothie.

Information nutritionnelle:Glucides 0,4 g Protéines ; 25,8 g Lipides totaux : 12 g Calories : 199 Cholestérol : 0,0 mg Fibres : 0,8 g Sodium : 296 mg

Pommes au four avec épices chai Portions : 5

Temps de cuisson : 3 heures.

Ingrédients:

5 pommes

½ tasse d'eau

½ tasse de pacanes broyées (facultatif)

¼ tasse d'huile de noix de coco fondue

1 cuillère à café de cannelle moulue

½ cuillère à café de gingembre moulu

¼ cuillère à café de cardamome moulue

¼ cuillère à café de clous de girofle moulus

Adresses :

1. Coupez les trognons de chaque pomme et retirez une fine bande du dessus de chaque pomme.

2. Ajouter de l'eau dans la mijoteuse. Placez délicatement chaque pomme verticalement le long du fond.

3. Dans un petit bol, mélanger les noix (le cas échéant), l'huile de noix de coco, la cannelle, le gingembre, la cardamome et les clous de girofle.

4. Verser le mélange sur les pommes.

5. Couvrez la casserole et mettez-la à feu vif. Cuire pendant 2 à 3 heures jusqu'à ce que les pommes soient tendres et servir.

Information nutritionnelle: Calories : 217 Lipides totaux : 12 g Glucides totaux : 30 g Sucres : 22 g Fibres : 6 g Protéines : 0 g Sodium : 0 mg

Portions de pêches croustillantes portions:6

Temps de cuisson : 20 minutes

Ingrédients:

Farci:

6 pêches coupées en deux

1 cuillère à soupe de sucre de coco

1 cuillère à café de cannelle moulue

½ cuillère à soupe de beurre, coupé en dés

Ajout:

½ tasse de farine tout usage

½ tasse de sucre de coco

¼ cuillère à café de cannelle moulue

¼ tasse de beurre végétalien, coupé en dés

Adresses :

1. Ajouter les pêches dans un petit moule à charnière.

2. Ajouter le reste des ingrédients de la garniture.

3. Mélangez les ingrédients de la garniture dans un bol.

4. Étendre la garniture sur le mélange de pêches.

5. Faire frire à l'air à 350 degrés F pendant 20 minutes.

www.ingramcontent.com/pod-product-compliance
Lightning Source LLC
Chambersburg PA
CBHW071236080526
44587CB00013BA/1634